3.4.5歳児保育

計画通りにいかない！ジグザグ保育がつくる子どもの主体の学び

木の実幼稚園園長
今川公平 著

佐川早季子
山本一成 編著

Gakken

はじめに

木の実幼稚園を最初に訪れたとき、子どもの何げない姿が目に留まりました。ある子どもが、園庭に寝転び、体の周りに石を並べて、体の形にすると、それに向かって「さぁ、お空に飛んでいけ！」と言ったのです。子どもたちにはどんな世界が見えているんだろう、と心がひかれたのを覚えています。こういう心ひかれる子どもの姿が、木の実幼稚園に来るたびにありました。

そこで、このワクワクする雰囲気は、いったいどのように生み出されているの？ 園全体が、子どもの世界のおもしろさにあふれているのはなぜなの？ いつも楽しそうに子どもたちのあそびについて語る先生方は、どんなことを考えているの？ そんな先生方も、悩んだり立ち止まったりするの？ この子どもの世界をおもしろがる保育にはどんな仕組みがあるの？ そんな素朴な疑問をもった私がとうとう我慢できなくなり、園長の今川公平先生に、「本を作らせてもらえないですか」と持ちかけたのがきっかけとなり、この本が生まれました。

気づきや想像に満ちた子どもの世界をおもしろがることが原点にありながら、保育者も黒子にはならずに、一緒に対象を見つめる・見つける・見失いまた見つけるジグザグの道筋は、「共探究」そのもので、どの年度のどのクラスの実践も違っていました。計画通りにいかなくて、ジグザグでいいんだよ、ジグザグを楽しんでいこうというのが、この本のメッセージの一つです。

一方で、本書を読んだ人が、木の実幼稚園の実践は理想的なもので、自園とは環境ややり方が違うから、うちではできっこない、と思ってしまうような本にはしたくないとも思いました。そこで、本書では、先生たちの悩みやつまずきを含めた裏側も載せることにしました。

本書を読んで、ジグザグ保育のエッセンスを感じ取った方は、取り入れられるところから始めて、もっとおもしろい方へと一歩踏み出してみてください。さぁ、「レッツ 共探究!」

編著者　佐川早季子

目次

計画通りにいかない保育を楽しもう

ジグザグ保育とは？

1章～3章で紹介するジグザグ保育の実践は、私たちの園では「プロジェクト型保育」として行っているものです。活動が一直線につながらず、その展開がジグザグに見えるところから、この本では「ジグザグ保育」と呼んでいますが、その表現に少し違和感をもたれる方も多いかもしれません。

しかし、あそびを主体とする保育そのものが、元来小学校以上の教科学習（論理的につながる系統的学習）とは異なる性質をもっている上に、子どもの発想や思いを尊重すればするほど、またさまざまな子どもの興味・関心、意見や思いに寄り添おうとすればするほど、また幼児期に花開くファンタジーや空想の世界を育てようとすればするほど、子どものあそびや活動は、我々大人の予想や計画とずれていきます。そこにジグザクの形は自然と生まれてくるものではないかと思っています。

プロジェクトの活動の中では、子どもと保育者、子ども同士の対話を大切にするため、私たちの園では日々の保育に「会話」の時間を設けています。その時々の子どもの気づきや興味・関心を伝え合い、聞き合い、子どものしてみたいこと、試してみたいことを出し合い、受け止める時間です。その中で「なるほど、そうなんだ」「そんなおもしろいことを考えていたんだ」という気づきや理解がどんどん深まっていくと、保育者が計画していたこと以上に魅力的な活動やあそびが生まれてくることが多々あるのです。

その瞬間、それまでの計画を脇に置いてでも、別の魅力的な活動に取り組んでみようという気持ちが保育者に湧いてきます。そして、その予定外の活動にいざ取り組んでみると、子どもたちの熱中・集中ぶりのなんとすばらしいこと！

ジグザグ保育はおもしろい！

このおもしろさに先生たちがだんだんと魅了されていったのが、プロジェクト型保育を導入して以来のこの20年の姿でした。

導入当初は、「クラスごとバラバラの保育になって差が出てしまうのではないか」「話し合って計画と全く違うことになると、小学校に行ってから困

るのではないか」と先生たちも不安だらけで、受け入れにくい様子でした。しかし徐々に、その姿は変わっていきました。

ジグザクだけれど、子どもとやり取りしながら、子どもと一緒に考えていく時間の楽しさ。用意した新しい環境に、子どもたちが熱心に取り組んでいく姿を見たときの喜び。結果的には保育者が計画した通りの展開よりも、ずっとおもしろいあそびが広がっていくという事実。そのことを先生たちみんなが強く感じたのです。

理屈ではなく、そのおもしろさや魅力を先生たちが共有できるようになって、この「プロジェクト型保育＝ジグザグ保育」は私たちの園ですっかり定着しました。日々の保育そのものがおもしろくなければ、いくら理念があっても、続かないものです。

ジグザグの経験が何より大切

本来、保育の中で育てるべきことは、あそびや活動の中で得られる「心情」「意欲」「態度」ですが、これは学習の成果物としての一律の知識・技能ではありません。「これ、おもしろそう、なんだろう」と気づき、「試してみたい、あそんでみたい」という気持ちになり、あそびに夢中になっているうちに

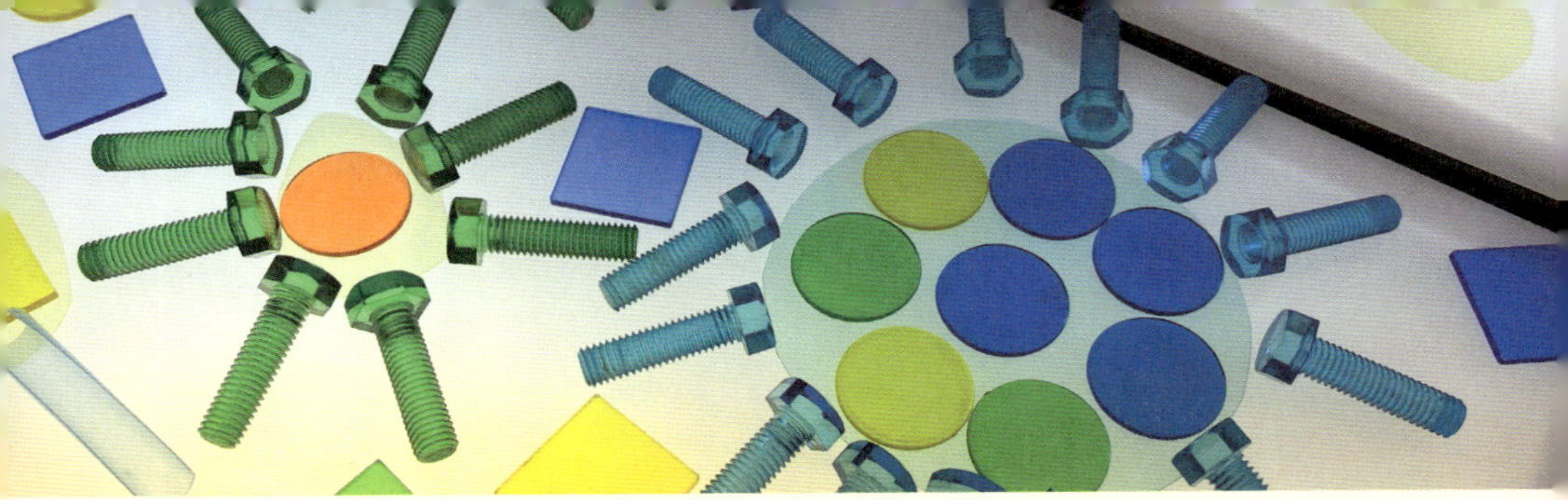

「楽しい・おもしろい・できてよかった・ここまでできた・またしてみたい」という気持ちが育ってくる、その過程と経験こそが、実は大きな学びになっているという考え方が何より大切です。

子どもの興味や話題の展開に合わせて、テーマや活動・あそびが予想外の方向に展開していても、一クラスの中でテーマが二つも三つも現れても、活動の終わりや終着点が複数あっても、それもよしなのです。あれこれと保育者と子どもたちがしっかり話し合い、かかわり合い、意見と思いを出し合い、時には意見が対立しても、その過程で子どもたちが経験していることこそが、豊かな育ちと学びに直結していると考えたいのです。

そして、クラスごとにさまざまなテーマやあそびや活動が生まれてくる、その多様な姿も大切です。クラス内であれ、学年内であれ、すべて一律の活動内容となれば、そこに大人が不用意に優劣・可否の評価をつけてしまうことはないでしょうか。しかし、そうではないからこそ、実はクラスの枠を超えての子ども同士の気づきや関心が生まれることもあり、また一方、ほかのクラスの実践から保育者同士が学べる機会も提供されるのです。

何よりこのジグザグする保育は、私たち人間の育ち・成長というものが本来右肩上がり、一直線に成長するのではなく、行ったり来たりしながら螺旋状に成長するという、自然の法則にぴったり合っているとも言えます。ぐっと力がついてくるときもあれば、立ち止まって考え、悩み迷いつつ、ときには人と語り合い、助けを求めたいこともある。そんな行きつ戻りつがあって、人は成長していきます。

ジグザグして歩むのは少し時間もかかりますが、やはり人間の自然な姿にぴったりなのです。だからこそ、取り組んでみると楽しく、ワクワクするのです。人も保育も、本来の自然な姿にいまこそ立ち戻りたいと思うのです。

木の実幼稚園園長　今川公平

※1〜3章の実践を行う木の実幼稚園では、子どもが自分のやりたいあそびを選んで取り組む「コーナー活動の時間」、クラスやグループで活動する「全体活動の時間」、みんなで話し合う「会話の時間」が一日のカリキュラムの中に組み込まれています。全体活動の写真には表示を付けています。

第1章

「思い」が生まれるジグザグ3歳児

「思い」が生まれるジグザグ

3歳児

今日はいるかな…

「～みたい」と感じ、想像とお話の世界が広がる

初めて出会うあそびや活動のおもしろさを少しずつ経験する中で、保育者や友達の存在を受け入れ、共にいることの喜びを知るようになります。

その中で、身の回りで見つけたことや起こったことをおもしろがり、絵本や物語の世界とつなげて、想像して楽しむ力も育ってきます。身近な「もの・こと」と想像の世界をつないでいくことに夢中になり、瞬間、瞬間にさまざまな思いが膨らんでいく3歳児。その世界に寄り添うと、自然と活動はジグザグの世界へ。

生まれた!
園って
悪くないかも!

友達や保育者と一緒にいることが楽しくなる

周りのもの・ことに気づき、おもしろがり、好きになっていく

事例 1 3歳児クラス

主な活動時期：4月～3月

メダカ→→→たまごちゃん 親しみをもち、大好きになるジグザグ

4月下旬の3歳児クラス。未就園児クラスに在籍していた子を中心に、少しずつ好きなあそびを見つけていく姿がありました。担任は、これからたくさんの「初めて」を経験する子どもたちに、その一つ一つを楽しんでほしい、何事にも挑戦する気持ちをもった子どもになってほしいという願いをもちながら、子どもたち一人ひとりの生活とあそびを見守る日々を過ごしていました。

メダカとの出会い

園庭の一部、園舎に近い場所に、水辺の生き物が生息する小さな池があります。

ある日、外あそびをしているときに、そこにメダカがいることに気づいた子がいました。落ちていた枝を池に垂らして、「先生、メダカ釣りたいねん！」と言い、枝を揺らしてみたり、葉っぱをちらつかせてみたりしますが、もちろん釣れません。

あきらめずにメダカ釣りを続けていると、様子を見に来た5歳児が、「餌を付けたらいいんじゃないか」とアドバイスをくれました。糸と餌を付けた枝で再挑戦しますが、やはり釣ることはできず……子どもたちも徐々に困り顔に。担任が成り行きを見守っていると、「罠を仕掛けたらいいんじゃないかな」と言う子が現れました。バケツを沈めようと奮闘する子どもたちに、担任が、図鑑に載っていたペットボトルで作る罠を紹介すると、「先生、それだ！」と子どもたち。

図鑑に載っていたものを参考にして作った罠。これも不発。

枝の先に糸と餌を取り付けて挑戦するが、やはり釣れない。

ジグザグPOINT

うまくいかない姿を見守る

メダカを捕まえるには網ですくうのが早いと考えましたが、それを伝えるのは違うなと思いました。うまくいかない経験も味わってほしい一方で、罠を仕掛けてみたいという子どもたちの「やりたい気持ち」は叶えたかったので、図鑑に載っていた方法を提案しました。

早速作って、子どもたちと一緒に沈めましたが、結局、一匹も入りませんでした。

捕まえる対象から、世話をする対象へ

生き物に詳しい園長に、「メダカが捕まえられない」と相談しに行くと、最近メダカの元気がないこと、数が減っていることを聞きました。「捕まえるのもいいけど、いまいる場所で大事に育てるのもいいかも……」と、みんなで話し合い、捕まえるのはやめることにしました。そして、「メダカを元気にするにはどうするか？」をみんなで考えました。

前に5歳児からもらったアドバイスを覚えていたようで、子どもたちからは「餌をあげたらいいんじゃない？」という意見が出ました。

担任がメダカ用の餌を用意すると、子どもたちは毎日の餌やりを楽しみにするように。食べ

餌をあげたがる子も多かったので、ちょうど盛んになってきたお当番活動の一つに組み込んだ。
自分たちでより意識してお世話をするようになった。

てくれるとうれしいし、かわいく思えてくるのでしょう。「元気になったかなぁ」と思いをはせたり、「パラパラあげたらいいんちゃうか」とよりよい餌やりの方法を考えたり、メダカを大事に思う姿が見られました。

メダカの赤ちゃんを守りたい！

6月に入ると、メダカの赤ちゃんが泳いでいるのを発見し、みんな大喜び！「自分たちが大事に育てたから生まれたんだ！」という達成感も感じているようでした。

ますますお世話に力が入り、池の周りにやって来るカラスがメダカを食べるのではと心配しています。みんなで「隠れられるおうちを作ろう」と話し合うと、図鑑を見ていた子が「水草のおうち」を提案してくれました。

1か月後、その水草になんと卵が付き、これ雨を待ちわびながら、たくさんの活動をした。

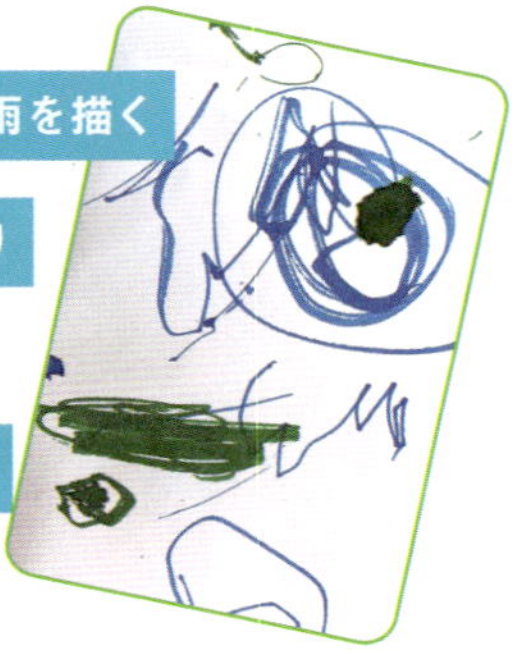

6・7月　水性ペンで雨を描く

毛糸で雨作り

雨合羽作り

絵の具で雨を降らそう

には子どもたちも「メダカを守れた！」「卵も産まれた！」と大興奮！　大事な赤ちゃんは絶対に守りたい！と、水草を部屋の水槽に移し替え、卵の成長やふ化の様子を間近で観察しながら、大事に育てていました。

しずくちゃんとの出会い

この頃、雨の日にあそんだことをきっかけに、子どもたちが「雨音探し」に興味をもちました。しかしその後、雨が降らない日が続き、室内で「雨」を表現したり、雨の日に備えて雨合羽を作ったりして雨を待ちました。

待望の雨が降り、雨上がりに外を散策すると、ガラスに付いた水滴や、壁に付いた雨の跡、屋根から落ちる雨の雫に子どもたちが気づきました。雨を待っていたからこそ、感じる力が鋭くなっていたのかもしれません。

7月 しずくちゃんを集めよう

念願の雨の日に集めたしずくちゃん。置いておいたら(蒸発して)消えてしまった。

しずくちゃん、これで消えへんな

絵本や図鑑から子どもたちなりに理由を考え、「凍らせれば消えない」としずくちゃんを冷凍庫へ。

7月 しずくちゃんとあそぼう

しずくちゃんや!

「しずくちゃん」との出会い後、カップに入れた水を小さいスプーンですくって垂らしてみた。

ジグザグPOINT

子どもの発言から展開のヒントを得る

雨上がりの探索をしたとき、担任は「雨の雫だね」という言い方をしていました。「しずくちゃん」という呼び方は、待望の雨が降ったうれしさと、雨あそびの楽しい気持ちの表れでしょう。その後の活動も「しずくちゃんとあそぼう」など、子どもたちの親しみの気持ちが活動に乗るような投げかけを意識しました。

さらに、子どもたちの感性は発揮されます。お茶が机にこぼれたときに、「しずくちゃんがいた」とある子どもがつぶやいたのです。身の回りにも雨の雫と同じような水滴があることに気づいた子どもの視点に担任も感心。さらに、子どもたちが「しずくちゃん」と呼んだことから、興味をもつ対象への親しみの気持ちも感じ取ることができました。

広がる「○○ちゃん」の対象

その後、「しずくちゃん」への親しみをベースに、集めたり、凍らせたり、色を付けたり、さまざまな活動が展開していきました。担任は、子どもたちの気づきや思いを出発点にしながら活動を提案。子どもたちも、やり取りや活動を楽しみながら、し

これ、ぼくの

じっくりと、
自分の卵を選ぶ
子どもたち。

葉っぱちゃん、

秋に落ち葉を拾ったことから始まった、「葉っぱちゃん」のプロジェクト。潰したり揉んだり、いろいろ試してあそんだ。

音符ちゃんって
黒いしずくちゃん
やな

「雨の音」から始まった「音符ちゃん」プロジェクト。音楽会のシーズンには音符に興味が移り、しずくちゃんと交錯。


ずくちゃんへの親しみを深めていきました。

その中で、園行事である音楽発表会の経験としずくちゃんが結びつき、「音符ちゃん」あそびに展開したり、秋の落ち葉にも興味をもち「葉っぱちゃん」の活動が始まったり、複数のプロジェクトが進行していきました。

たまごちゃんとの出会い

2学期、園庭にあった雨受けの石を見て、「先生、恐竜の卵あったで!」と教えてくれた子がいました。それを見ていたほかの子どもたちも「自分だけの卵が欲しい!」となったので、みんな一つずつ選び、お世話をしようということにしました。

部屋に持ち帰る頃には、もうみんな「たまごちゃん」と呼んでいて、親しみをもっていることが見て取れました。

9月 たまごちゃんのベッドを作ろう

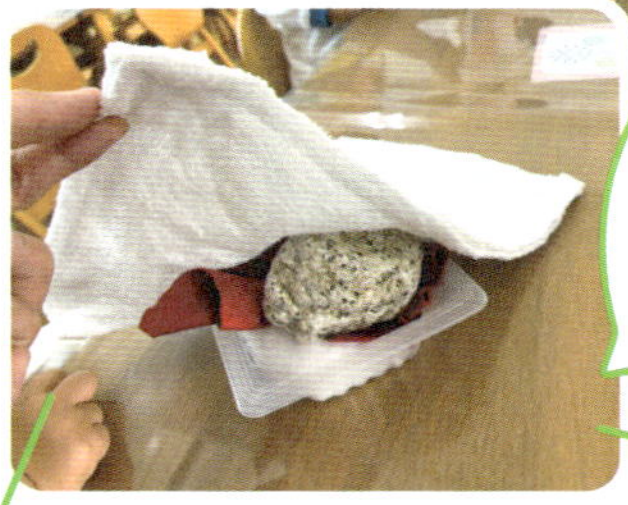

「ふわふわの布団になるものがほしい」「箱があったらいいんじゃないか」など、使う素材は事前に子どもたちの希望を聞いた。

10月 たまごちゃんをかわいく変身させよう

ジグザグPOINT

子どもたちに聞く!

何かを作ろうというときに、こんな素材がいいかなとイメージをしますが、それだと保育者が思っているものになってしまう懸念も。保育者が引っ張ったりまとめたりすることが多い3歳児だからこそ、保育者だけの思いで進まないよう、迷ったときには子どもに聞くことを大事にしています。

「このたまごちゃんをどうするか?」という話をすると、子どもたちの中に、「卵は繊細なものだ」という認識があったようで、「そっとせなあかん」「このまま置いといたら寒いかも」という意見が。そこから「じゃあベッドを作ってあげよう」という話になり、たまごちゃんはどんなベッドだったらうれしいかを考えました。

子どもたちから出た意見をもとに素材を用意し、次の日にさっそく作りました。みんな、自分のたまごちゃんのために最高のベッドを作ろうとしていて、親しみをもったものに対して「大事にしたい」という子どもたちの思いがよく表れていました。

さらに、「色を塗ってかわいくしてあげたい」という子どもたちの声があったので、何色かの絵の具を用意して、自分なりにたまご

ジグザグPOINT

並行するプロジェクトの相互作用を味わう

2学期以降、しずくちゃん、たまごちゃん、葉っぱちゃんの活動は同時並行的に進んでいきました。別々なようで、子どもたちの中ではつながっていて、どれも子どもたちにとって大事な存在。しずくちゃんを作ったことで、「そうだ、たまごちゃんも…」と思ったようでした。

1月 たまごちゃんを作ろう

アルミホイルやマスキングテープやモールという初めての素材を用意。やり始めると、アルミの独特の感触も、テープが手にくっつくのも色が重なるのも楽しくて、何個も作っていた。

ちゃんをかわいく変身させる活動もしました。

たまごちゃんも、作りたい

その後、「しずくちゃん」や「葉っぱちゃん」の活動が続き、石のたまごちゃんはベッドで寝ている状態が続いていました。

1月にしずくちゃんをクリアファイルで作る活動をしたところ、その流れで「たまごちゃんも作りたい」ということに。いくつかの素材を用意し、「丸める」というテーマで卵を作りました。小ぶりながら、いろいろな形や色のたまごちゃんができ、石のたまごちゃんとともに、子どもたちの大切なたまごになりました。

そして、「作ったたまごちゃんをあそばせてあげたい」という子どもたちと、空き箱や帯状の紙を使ってあそび場作りをしました。はじめは個々に作っていましたが、次第に、友達とつ

1・2月　たまごちゃんのあそび場を作ろう

実際に、作ったたまごちゃんをあそばせてあげている。

先生、かたつむりできた～

形あそびの要素も楽しむ姿もあった。

2月　たまごちゃんから何が生まれるかな?

たまごちゃんから生まれてくるものを粘土で表現。耳の長い生き物の親子のイメージ。

なげたり、協力して作ったり、うまくボンドで接着できずにいる子を手伝ったりする様子も見られました。これまで本格的なグループ活動はあまりしてこなかったのですが、「たまごちゃんのために」という思いをみんながもっていたことで、自然なかかわりが生まれていました。

何かが生まれる? たまごちゃん

たまごちゃんも石のたまごちゃんも、もちろん何も生まれてこないのですが、子どもたちの中には、「何かが生まれてくるんじゃないか」というワクワクした気持ちがあり、言葉としてもよく聞かれていました。

　そこで、「何が生まれてくると思う?」という話をした後、粘土を使って生まれてくるものを表現してみることにしました。しかし、そこは3歳児。細部までこだわって作る子もいれば、

3月　たまごちゃんと一緒にあそぼう

たらいのお風呂で
ゴシゴシ。
かわいく変身させた
色が落ちていく…。

粘土という素材のおもしろさにはまり、ピラミッドを作ったり、物を粘土にひたすら刺したりし始める子も。それでも、作る楽しさやあそび込む楽しさを存分に味わっている姿は、この一年の経験の上にあるものだと担任は感じました。

たまごちゃんとの別れ

3月になり、園庭の備品である石のたまごちゃんとは、そろそろお別れのとき……。最後に何をしたいかを聞くと、一緒にあそびたいという声が多く上がりました。そこで、自分のたまごちゃんをそれぞれ抱えて園庭に出ると、花を見せてあげたり、滑り台で一緒に滑ったり、三輪車に一緒に乗ったり……。友達と一緒にあそぶかのように、優しくあそんであげていました。担任は、「一緒に写真に写りたい」などの子どもたちの願いを、一つ一つ叶えていきました。

また、子どもたちからは「最後にお風呂に入れてあげたい」というアイディアが。たらいに水を入れて、たまごちゃんをゴシゴシ洗ってあげると、絵の具が落ちて、たまごちゃんはもとの白い石の姿に……。その様子を見る子どもたちは少し寂しそうで、でも最後には「バイバイ、またね」と言って、たまごちゃんを元いた場所に返したのでした。

数日後、戻した石の場所を通るときに、かすかに残る絵の具の跡を見て、「まだここにたまごちゃんいてるわ」と言っていた子もいました。いつか忘れるとしても、子どもたちの中には、「自分がお世話した大好きな○○ちゃん」という思いは残るのだなと担任は感じました。

この一年で、たくさんの大好きなものができた子どもたち。メダカをうまく捕まえられなくてもあきらめずに考えてやってみる姿や、不思議に思ったことを試してみる姿、親しみをもち、好きになったものを大切にしようとする姿がありました。また、大事に思うからこそ「～してあげたい」という気持ちが生まれ、あそびや活動への意欲になっていました。

親しみをもつことが、興味・関心や意欲につながる。たくさんの「大好き」を子どもたちの中に残していこう！

事例 2 3歳児クラス

主な活動時期：6月〜1月

オオカミさん→→→雲の味 一人の世界が広がっていくジグザグ

初めての集団生活。おもちゃも先生も自分だけのものではなく、横から取られてしまうこともあります。クラスの子どもたちも、近くに誰かがいると嫌がったり、かかわりを避けたり、友達のことがかなり苦手そうな様子でした。同時に、一人ひとりが素直で繊細な感性をもっていると感じていた担任は、3歳児らしい想像力を発揮できる活動をたくさんしていきたいと考えていました。

オオカミの足跡を発見！

子どもたちは、『おおかみだぁ！』という絵本※が大好き。ページをめくるたびに近づいてくるオオカミにハラハラワクワク、夢中になって読み聞かせを楽しんでいます。

ある日、外あそびに行こうとみんなで廊下を歩いていると、一人の子どもが床を見つめ、「これ、オオカミの足跡じゃない？」と言いました。実際には、それは粘土や絵の具が落ちてできたシミ汚れだったのですが……、周りの子どもたちもハッとした表情に。担任が「ほんまやね、オオカミが来たんじゃない？」と乗っかると、子どもたちの目が輝き、「ここにあるってことはほかの所にもあるかも！」と園内を一斉捜索し始めました。ちょっとした跡を見つけるたびに「ここにオオカミさんが来たんじゃやない？」とあちらこちらで大騒ぎしています。

※『おおかみだぁ！』文／セドリック・ラマディエ　絵／ヴァンサン・ブルジョ　訳／谷川俊太郎　ポプラ社

ジグザグPOINT

やり過ぎたと気づいたら即回収

実は、オオカミの足跡は、この3つ以外にも、天井に住んでいるイメージでおもしろいかなと思って壁にも描いていました。でも、子どもたちの目線はこの3つに集中。それはつまり、いまの子どもたちには、これ以上のものは情報過多で必要ないということ。そう判断して、すぐにふき取りました。

ここがオオカミの家ではないかと、中をのぞいている。

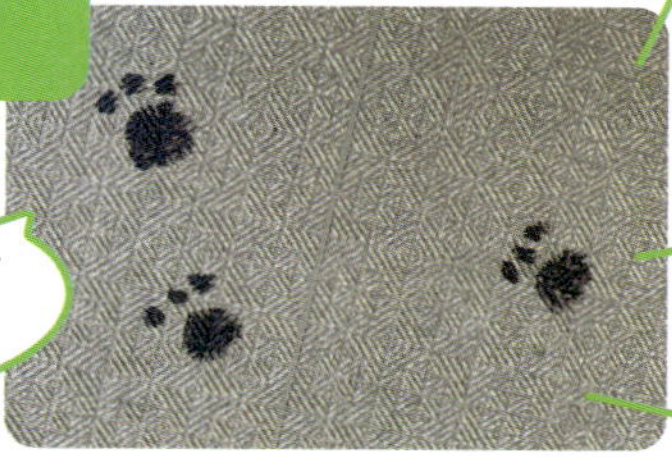

部屋の前に残っていた足跡。

園庭にも探しに行き、子どもたちが目をつけたのは、赤い扉の小屋※。担任が「ノックしてみたら出てくるかも」と言うと、おそるおそるコンコン……。オオカミは出てきませんでしたが、子どもたちの中ではそこがオオカミの家となり、またノックしてみようとか手紙を書いてみようとか、ファンタジーの世界に入っていく子どもたちの姿がありました。

オオカミが来た!

その翌日、ファンタジーの世界を広げようと考えた担任が、部屋の入り口の前に、足跡を3つ描くという仕掛けをしました。

登園してきた子どもたちは、「うわ~!!」と、全身で驚きを表現! いつもは静かで、友達の前で話すのも恥ずかしそうなA児も、担任の服をつかみ、目をキラキラさせて、言葉にならな

※カウンセリングルーム用の部屋で、鍵がかかっている。

足跡コーナー。動物の足跡当てクイズ。

まだ形にならない字を書いたり、絵を描いたり。折って、封筒に入れて、シールを貼って……。たくさんの工程を楽しんでいた。

粘土にフィギュアを押し付けて。どんな足跡が付くかな?

い言葉で興奮を伝えています。足跡とともに担任が仕掛けた「きのうは ぼくのうちに あそびにきてくれて ありがとう」という手紙を見て、子どもたちは「やっぱりオオカミが来たんだ!」と確信。また来てもらうためにと、コーナー活動の時間にお手紙作りをする姿がありました。「足跡」からあそびを広げて、身近な道具を使ってみんなでスタンピングをしたり、足跡コーナーであそんだりもしました。

オオカミさんが来てくれない理由は?

子どもたちの口から日常的にオオカミさんの話が出てくるほど、子どもたちはすっかり、「オオカミさんがいる」世界で過ごしていました。

例えば、外あそびの帰りに靴下でウッドデッキを歩いて、その熱さに驚いたことがありました。担任が「オオカミさんって、こんな熱いと

7月 オオカミさんを起こす音探し

色の付いた割りばしを一人ひとりが持って、「カランカランの音探し」。すぐに「カランカラン」に限らない「いろいろな音探し」になった。

この音はめっちゃ大きいから起きるで!

「オオカミさんを大きい音で起こす」という本来の目的を忘れていない子たちもいた。

ころ歩けるのかな」とつぶやくと、子どもたちが敏感に反応。「オオカミさん、裸足やわ!」「やけどしちゃう!」とそれぞれがハッとした様子で、「だからパンダ組に来られないんだ」と互いに納得し合っていました。

またその頃、オオカミさんの家は、クラスの隣の階段の上（屋上）ではないかという推理が浮上。近くにいるのに来ないのは、寝ているからではないかと言うのです。会話の時間に「どうしたら起きてくれるかな」と投げかけると、「カランカランという音を鳴らしたらびっくりして起きてくれる」という提案がありました。

カランカラン探し……からの音探し

なぜ「カランカラン」という音だったのかはわかりませんでしたが、みんなで話し合っているうちに、子どもたちはその音を好きになり、

屋上へと続くオオカミさんの足跡を発見！

ジグザグPOINT

目的は変わってOK

やっているうちに楽しくなって、ポイントが変わっていくのは3歳児らしい姿。特に話を戻したりせず、子どもたちの心の動く方でいいと考えています。

7月　オオカミさんはいま何してる?

なかなか来てくれないオオカミさんを想像して描画。まだ形にならない子もたくさんいるが、思いは乗っている。

「ごみ箱をたたいたら、その音が鳴りそう」「水道を棒でたたいたら、鳴るんじゃない？」などという声が出てきました。

そこで、みんなで「カランカランの音探し」をしてみることに。園内を散策しながら缶や瓶、地面や壁などをたたき、「ドンドンだ！」「チーンって鳴った！」などさまざまな音に気づき、「これは？」と音を鳴らして楽しんでいました。

オオカミさんのおうちを発見！

2学期になり、引き続きファンタジーの世界も楽しんでほしいと考えた担任は、再び足跡作戦を実行。今度は、階段の下から屋上に上がっていくたくさんの足跡です。

「やっぱり階段の上や！」と興奮しながら、足跡をたどってふだんは入れない屋上に行くと、そこは幼稚園で一番高い場所。子どもたちは開

10月 オオカミさんのご飯作り

絵の具を紙粘土に混ぜてこねこね。「ご飯じゃなくて地球ができたよ」と教えてくれる子もいた。

ジグザグPOINT

子どもの勘違いを生かす！

「ぼくのご飯がない！」と泣くのではなく、「食べてくれた！」と喜んでいる姿をみて、このままいこうと瞬時に思いました。さらに、自分のだけが食べられたことを自慢するのではなく、「みんなのも食べてね！」と叫ぶ姿、周りの子どももうれしそうな様子に、子どもたちの友達を思う心の成長を感じました。

放感を味わいながら、そこにはいなかったオオカミさんについて「空に飛んで行ったのかもな～」と想像をふくらませています。

いなくて残念…というマイナスの方向ではなく、プラスの方向へ想像を働かせる子どもたちの姿に、気持ちのよさを感じる担任でした。

オオカミさんが、食べてくれた?!

屋上に住んでいるとわかったオオカミさんに、「やっぱり会いたかったな」と話す子どもたちと、何をしたら会えるか考えました。すると「ご飯をあげたら、おいしそうだなって来てくれるかも」という意見がでました。その思いを受けて、紙粘土と絵の具でご飯作りをしました。

作ったご飯は、オオカミさんにプレゼントするために、屋上へ。大切に持ち運び、そうっと床に並べたのですが……、そのとき一人の子が、自分のご飯がお皿の上から消えていることに気づきました。目を見開いて、「オオカミさんが！ぼくが知らんうちに食べた！見えへんかった！オオカミさん透明なんや！」とまくしたてます。

担任がさっと階段を確認すると、その子のご飯が落ちているのが見えました。自分でも気がつかないうちに、落としてしまったのでしょう……。しかしその子はうれしくてたまらない様子で、「よっしゃー!! オオカミさん、みんなのも食べたってな！」と空に向かって叫んでいます。

担任は、階段に落ちていたその子のご飯をそっと隠しました。そして、ほかの子のご飯は、予定通り、子どもたちの降園後に片付けました。

翌日、ワクワクしながら登園してきた子どもたちが屋上で目にしたのは、きれいになったお皿と、ご飯のお礼にとオオカミさんがくれたプレゼントの箱。中には、オオカミの人形が入っていました。オオちゃんと名付けられたその人形に、「うちのクラスにおいでよ」「一緒にあそぼう」と、子どもたちが優しく語りかけます。オオちゃんは大事な友達、クラスの一員として迎えられ、「みんなの友達」になりました。子どもたちの様子からは、「自分一人がオオカミさんを探したのではなく、みんなで探したりあそんだりした」という思いであるように見えて、自分だけの世界から、友達へと心を向けるようになったこと、世界の広がりを感じました。

会話の時間、雲の味で盛り上がり……

屋上に上がって空を感じたことも影響し、空や雲へと目が向くことが増えていました。

ジグザグPOINT

表に出ていない子どもの発想に注目する

よく発言をする子の話だけで進めないようにしています。バランスを取るためではなく、発言しない子たちの考えていることが、実はとてもおもしろいからです。よく周りの話を聞いていたり、自分の中で想像することを楽しんでいたりするのでしょう。そういう子たちの心の動きにもしっかりと目を向け、耳を傾けると、素敵なジグザグが生まれると感じています。

会話の時間は、部屋でやると決まっているわけではない。みんなで空に手を伸ばすと、雲にも届きそう！

ある日の会話の時間、担任が子どもたちの前に座り、「今日はみんなと何の話をしようかなぁ」と言うやいなや、一人の子が「先生、知ってる？ 雲ってさ、綿あめの味やねんで」と言いました。担任が「雲を食べたことあるの？」と聞くと、「ある！」と得意げです。

ほかの子どもたちも、「雲ってチョコレートの味やで」「知ってる〜」「おいしいよな」「ふわふわやから寝れるで」と楽しそうに話し始めました。ワーッと話した後、何人かがぽつりぽつりと「雲、触りたいな」「食べてみたいな」とつぶやいていました。

雲を見ながら会話する

ある日、雲が見える廊下で「今日の雲はどんなかな？」とやり取りをしていたときのこと。一人の子が、空に向かって手を伸ばしました。担任が目の端で追っていると、握りしめた手を顔の近くに持ってきて、じっと見つめた後に、パクッと食べる仕草をしたのです。思わず「何を食べたの？」と担任が尋ねると、その子は小さくほほえみ、小さな声で「雲」と教えてくれました。それを聞いた周りの子も雲を食べ始め、「今日はちょっと綿あめの味」「水の味や」など、味の感想を言い合う時間に……。想像の世界で、子どもたちは本当に味わっていたのではないかと担任は感じました。

最初は一人の世界にいた子どもたちが、想像の世界に入り込み、たくさん心を動かす中で、友達の言葉にも耳を傾けたり、一緒に空想を楽しんだりするようになってきました。担任自身もその過程で、子どもたちの豊かな感性にふれるたびに心動かされ、保育の楽しさを感じていたといいます。この後も最後まで、いろいろなものに心を動かし、不思議に思うことをあそびに取り入れて楽しんでいった担任と子どもたち。ここで培った豊かな感性と想像力は、その後4、5歳児クラスになったときにも、存分に発揮されていったのでした。

子どもたちの豊かな感性にふれて、担任も一緒に心を動かしているうちに、子どもの世界は広がっている！

3歳児のジグザグ事例ふりかえり

山本一成

一緒に生きる世界を創る

3歳児の事例、とてもワクワクする実践でしたね。子どもたちと先生は、「メダカ」「しずくちゃん」「たまごちゃん」「オオカミさん」といった、さまざまな人間以外の存在と一緒に、生き生きとした保育の物語を創り出しています。3歳児の「好き」が育まれる生活は、「生きているもの」たちと共にありました。

「生きているもの」への親しみ

この2つの実践を生み出している力としてまず注目できるのが、子どもたちが出会う世界への「親しみ」です。

最初の事例、出会いのきっかけは、「先生、メダカ釣りたいねん！」という子どもたちの想いでした。先生は子どもたちに「初めて」を楽しんでほしい、何事にも挑戦する気持ちをもった子どもになってほしいという想いをもって、子どもたちの探求に寄り添っていきました。園生活に慣れてきて、世界を広げつつある3歳児は、身近な環境にさまざまな興味・関心をもって出会います。そのような世界とのかかわりの中で思わず生じる、「湧き出しちゃう主体性[*1]」に寄り添っていくことが、ジグザグ保育の始まりになっています。

湧き出す想いは、その対象とのかかわりを深め、関係を作っていくための力になります。なかなかメダカを捕まえられない子どもたちでしたが、園長先生に相談したことをきっかけに、「メダカを捕まえたい」という想いは、しだいに「メダカを元気にしたい」という想いに変わっていきました。子どもたちは毎日世話をする中で、メダカにとってうれしいことを一生懸命考えます。そして、大事に育てたメダカが赤ちゃんを産んでくれた経験は、かけがえのない大切な記憶になっていきます。

「生きているものどうし」の想像力[*2]

このようにして育まれた「親しみ」の心が、さまざまな対象へと広がっていくというのが、ジグザグ保育の2つ目のポイントになっています。メダカの命をケアしてきた経験は、生物に限らずさまざまな対象へと広がる想像力となって次の経験を生み出します。

発達心理学では、生物・非生物に限らず、「生きている」と感じる心を「アニミズム」と呼んでいます。かつては、アニミズムの心理は、発達的に未熟で不正確な心と言われていました。しかし、私たち大人でも、大切にしている人形やぬいぐるみが踏みつけられたら、「かわいそう」という気持ちが湧くように、実はこのアニミズムの心は、世界と「親しみ」をもってかかわるために欠かせない心でもあるのです。

「メダカ」を心からケアしたように、子どもたちは「しずくちゃん」が消えないように凍らせたり、「たまごちゃん」のためにベッドを作ったり、たくさんのアニミズムの想像力を働かせ、世界と親しくかかわります。そして、先生方は、子どもたちの湧き出す想いに寄り添いながら、その生きる世界に沿ってさまざまなあそびを展開していきます。

「オオカミさん」の事例では、子どもたちの「親しみ」の心と想像力に先生が合いの手を入れるようにして、物語が展開していきました。オオカミさんに会いたい子どもたちが見つけた倉庫に、「ノックしたら出てくるかも」と寄り添ってみたり、部屋の入り口に足跡を描いてみたり、ときには「やり過ぎた」と回収したりしながら試行錯誤する先生の姿は、まさに幼稚園の創設者、フレーベルが述べた「子どもたちに生きる」大人の姿であるように思います。「オオカミさんがいる」世界を共に生きることがなければ、足跡あそびや音探しといったジグザグ保育のアイディアは、ここまで湧き出してこなかったのではないでしょうか。

「耳を傾けると、素敵なジグザグが生まれる」という先生の言葉は、本書全体にも通じる大切な実践知を表しているように思います。子どもたちがメダカやオオカミ、石や雨の声に耳を傾けているように、私たち大人も、子どもたちの声や、多様な「生きているもの」たちの声に、じっくりと耳を澄ましてみたいものです。

＊1久保健太『生命と学びの哲学―育児と保育・教育をつなぐ』北大路書房、2024年
＊2山本一成『生きているものどうしの想像力』世織書房、2025年出版予定

見えない育ちに注目する

子どもたちと接していると、何かをじーっと見つめたり、黙って聞いたりしている場面によく出くわします。その目線は真剣で、無心になって何かの音を聞いている姿は実に魅力的です。

しかし、それを「何もしていない時間」と捉えてしまう傾向が、教育の世界にないでしょうか？ 聞いていることよりも発言をすることを、見ていることよりもそれを言葉にして文章にしたり、絵や形あるものにすることを要求することはないでしょうか？

そのとき、子どもたちは、よく見聞きし、手や体で確かめて、たくさんの情報を取り込み、外から見えない自らの「内面」を、時間をかけて耕しているのです。この時間が本当に大切です。「会話」の時間にたくさん発言することが大切なのではありません。おもしろい活動をしている子だけがよいのではありません。どう一人ひとりの子どもたちが五感を総動員してじっくりかかわっているか、何かをよく見る・よく聞くことで、どう「外から見えない内面」を豊かにしていっているのかを、私たち保育者が理解し、そして寄り添っていけるかを、いつも問い続けたいと思います。

子どもたちが、よく見聞きし、五感を通して取り込んだ膨大な情報と経験は、目に見えるものではありません。しかし、やがてそれが豊かな言葉や思考の源になり、知識や技能となって花開く母体となります。「何もしていないように見える時間」こそ、実は「見えない大切なものが芽生える時間」なのです。（今川公平）

第2章

「?」と「!」が生まれるジグザグ4歳児

「?」と「!」が生まれるジグザグ

4歳児

園生活にも慣れ、気持ちも安定してくると、いままで以上に身の回りのことに気づき、「これはなんだろう、何ができるの?」という気持ちや、「どうして?」という疑問や探究心も芽生えてきます。

「こんなことしてみたい!」という思いも強くなり、また興味をもったことを友達や保育者と共有したいという気持ちも育ってくるので、その実現に向けて、保育者と友達とあれこれ試したり、何人かで話し合ったりすることがおもしろいと感じられるようにもなってきます。そんなさまざまな「試してみる」活動の中で、豊かなジグザグが生まれてきます。

友達と思いを共有できる

さまざまなことに興味・関心をもつ

あれも気になる！
おもしろいことってたくさんある！
花の蜜を吸いに来るかも？
「どうして？」と自分なりに考え、「きっと〜では？」と気づく
ハチさんのおうち…
食べたい！
葛藤を味わう
どうしたらできるかな…？
こんなことをしてみたいという思いが膨らむ
宇宙まで飛ばしたい！
友達や保育者と一緒に考える

事例 3 4歳児クラス

主な活動時期：4月～9月

チョウ→→→はちみつ 気づき、考え、葛藤するジグザグ

エネルギッシュで行動的な反面、気持ちの切り替えに時間がかかり、けんかも絶えなかった4歳児クラス。アリの行列を足で踏みつけてあそんだり、クラスで育てているピーマンの花をぐしゃぐしゃにしてしまったりという場面もありました。担任は、命の大事さを言葉で説くのではなく、長期的にものとかかわる中で「大切」という思いを育んでいけたらいいなと感じていました。

さなぎからチョウへ、そこで生まれた「?」

4月中旬、自然観察コーナーに置いていたチョウのさなぎが羽化しました。羽を広げるチョウを見た子どもたちは、「お腹空いてると思うから、ご飯入れてあげよう!」と言って、園庭に飛び出します。そして、花壇などから手当たり次第に花を採ってくると、飼育ケースの中にちぎって入れました。

その様子を見た担任が、意図的に、「どのお花の蜜を吸うかな?」と声をかけました。すると、「花を入れて終わり」という雰囲気だった子どもたちが、真剣な表情で飼育ケースの中をのぞき込み始めました。「どうなるんだろう?」「自分の摘んできた花は?」といった「?」が、それぞれの頭の上に見えるようでした。また、「お花の蜜ってどんな味なんかな?」と、新たな疑問を浮かべて口にする子もいました。

4月　蜜を吸ってみよう

「白の方がピンクより おいしい」という子も。

ジグザグPOINT

「？」「！」を実体験につなげる

まずは「？」が生まれるような問いかけをしたり、環境を整えたりすることを意識しました。そこで小さくても何か「？」「！」が生まれたら、今度はそれを拾い上げてみます。行動派の子どもたちだったので、実体験できることを提案したいと思いました。

ここで生まれた小さな「？」を大事にしたいと考えた担任。ちょうど園庭にツツジ※が咲いていたので、「みんなでも吸えるお花があるよ」と伝えてみました。すると、「え！ それってどんな花？」と子どもたちが反応したので、みんなで吸ってみることに。子どもたちは、ほのかに感じる甘みに「味がしない」と言ったり、手に花蜜が付いて「べたべたする」と言ったり、五感を使って感じた味や感触や匂いを表現していました。

「！」を造形活動に

飼育ケースの横には図鑑が置いてあり、チョウが蜜を吸うときの様子が載っていました。その通りにチョウがストローを伸ばすところを偶然見ることができ、「本当にくるくるが伸びるんだ！」と子どもたちはびっくり！

その気づきと発見を活動に取り入れようと、紙

※口に入れても安全な種類であることを確認したうえで実施。レンゲツツジには毒性があるので注意をしてください。

4月 紙帯でストロー作り

いっぱい「くるくる」を作ることを楽しむ子もいた。作るのも、作ったものであそぶのも楽しい。

乾燥させた花びらは、擦り潰しても汁が出ず、粉々に。

興味をもってチョウの観察をするようになったからこそ起きた偶然！

帯を用意して、くるくる巻いたり伸ばしたりしてあそぶ活動を提案してみました。あそびの入り口は「くるくる巻いたり伸ばしたり」でしたが、色や太さ、長さを変えて丸まり具合を試すだけでなく、できたものを組み合わせてあそんだり、チョウを作ったり、それぞれ自由に楽しんでいました。

素材のいろいろな楽しみ方を知る

子どもたちが採ってきた花びらを、担任が乾燥させていると、「なんでそんなことしてるん？」と子どもたちが集まってきました。再利用の意味合いのほか、担任には、みずみずしい花びらと乾燥した花びら、それぞれのおもしろさを感じてほしいという思いがありました。コーナーにどちらも置いておくと、擦り潰したり水を加えたり、その違いを感じて、繰り返し試すようにあそぶ姿がありました。

考えるうちに、気になってくる！

その後も、ツツジの花でたたき染めに挑戦するなど、花を使った活動が続きました。「ちょうちょが蜜吸ってる」「はちみつ吸ってる」と言う子どもたちの姿を受けて、会話の時間に「花の蜜って、はちみつとは違うんだよ」という話をすると、「え！ そうなん!?」と、どよめく子どもたち。みんな、花の蜜がはちみつで、それをチョウやハチが吸っていると思っていたのです。「じゃあ、はちみつって？」と尋ねると、「ハチ？」「はちみつや」と、なんとなく知っていることや思っていることを、考えながら言葉にします。そして、興味は徐々に「花」から「ハチ」へ。さらに「なんでハチには針があるの？」という一人の子の発言から、「針」へと移っていきました。

「危ない針」であそんでいいの？

針への興味に注目し、担任は、押しピンを使ったあそびを計画。日頃、部屋にあるものへの扱いも乱暴だったり、押した押されたでしょっちゅうけんかしている子どもたちへの提案としては不安もありましたが、アトリエという広い造形活動スペースで、挑戦してみることにしました。

たくさんの押しピンとプラスチック段ボールを用意したアトリエに子どもたちを連れていき、「今日はこれであそぶよ！」と言うと、子どもたちは「ええ～！」「針？」「危ないやん！」「あそぶもんちゃうで！」という反応。しかし、そうは言いながらも、「これでどうやってあそぶんだ

5月　押しピンであそぼう

意図的にライトを設置していた。光が当たると「星みたい」「じゃあここは宇宙ね」とストーリーを作っていく様子もあった。

こうやってみたら、めっちゃきれい！

道みたいになってきた〜

話し合った後、自分でも調べてきて、「毒針で刺されたら死ぬ蜂もいる」と教えてくれる子もいた。

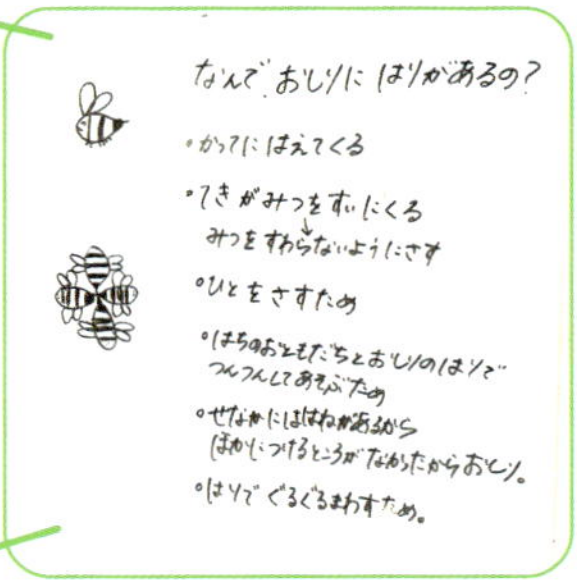

なんで おしりに はりがあるの？
・かってに はえてくる
・てきがみつをすいにくる
みつをすわらないようにさす
・ひとをさすため
・はちのおともだちとおしりのはりで
つんつんしてあそぶため
・せなかにははねがあるから
はりをつけるところがなかったからおしり。
・はりでぐるぐるまわすため。

ジグザグPOINT

「なんで？」「もしも」に注目

何気ない一人の子の「なんで〜なの？」や「もしも〜ならどうする？」という発言は、会話の時間にテーマにしてみます。すると、ほかの子どもも考え始め、しだいにみんなの「気になること」になったり、また新たな気づきにつながることがあります。

ろう？」とワクワクしている気持ちも見え隠れしました。

担任が「みんなが言う通り、危ないものだよ。じゃあ、これであそぶにはどんなことに気をつけたらいいかな？」と投げかけると、立ったらあかん、転がっていったらちゃんと戻すなど、気をつけてほしいポイントはすべて出てきました！　そして実際に、慎重に押しピンを扱いながらあそんでいました。プラスチック段ボールにピンを抜き刺ししながら力加減を調節し、次第に友達と一緒に道を作り出す姿もありました。

壁に紙を貼るための道具という認識だった押しピンでのあそびは、子どもたちに新鮮な驚きを与え、また担任にとっても「この子たちには考える力も物を使いこなす力もあるんだな」と再確認する機会となりました。

ハチの別の面を知る

園庭にハチが飛んでいると、「危ない！」「やっつけて！」という反応が常でした。その一面的な見方を変えていきたいなと思っていた担任。どう伝えようかと考え、ハチが出てくる科学絵本を読んでみました。そこから、ハチが野菜や果物の花粉を運ぶという役割を担っていることを知った子どもたち。「え？ぼくたちのプランターで育てているピーマンもハチさんのおかげ？」「めっちゃいいことしてくれてるやん！」「ありがとうって言わな！」という声があがりました。

その頃、毎日のように姿を見かけていたハチやチョウが園に来なくなっていました。ハチの新たな一面を知り、「呼び戻さなくては！」という思いにかられた子どもたち。担任が「呼び戻すためにどうする？」と尋ねると、「絵が描きたい」ということでした。

ちょうど、園の一部で保育室の改修工事をしていて、絵を描くのによさそうな安全塀が設置されていました。園長を通じて工事現場の方に許可をもらい、子どもたちに提案すると、子どもたちは「ええ！こんな大きな場所に！」と驚き、「これなら外だし、ちょうどいい！」と即決。虹があったら喜ぶのではないか、たくさん飛んで疲れているかもしれないから椅子を描いておこう、などハチやチョウの気持ちになって描いていました。

そろそろ描き終わるかなという頃、「先生、見て！」と子どもたち。なんと偶然にもハチが飛んできたのでした。こうしたらいいのではないかと思ってやったことがその通りになり、子ども

5月　ハチさんとチョウを呼び戻そう

虹があったら喜ぶかも！

高所にも描きたいと、友達と一緒に椅子を運んできた。友達と一緒なら、行動力も2倍！

ここなら外やし、ハチさんやチョウに見てもらえるな！

ジグザグPOINT

使えるものは何でも使う！

これは使えないかな、無理かな……と思うことも、「園にあるものなら何でも使えるかも」と、まずは広く捉えています。もちろん本当にだめなこともありますが、担任の「やってみよう！」マインドは、子どもたちにも伝染するように感じています。

たちは、「ほらね！」と大興奮。ハチやチョウへの思いがぐっと高まる自然のサプライズでした。

ほかにも偶然の出来事が続きます。

園の軒下にアシナガバチが巣を作り始めました。子どもたちは、日に日に大きくなっていく巣を毎日観察し、「もっと大きくなったら中のはちみつが食べられるかなぁ」などと話しています。

園としては、これ以上は危ないと判断して巣を撤去。その際、「花組さんはハチの巣に興味をもっていたから」と、巣をもらいうけました。

想定外の出来事が発生

ケースにハチの巣を入れて密封し、部屋で観察。2週間ほどたった朝。担任が部屋に行くと、子どもたちが「ハッピーバースデー」の歌を歌っていました。いったいどうしたのか聞くと、「赤ちゃんが生まれたよ！」とのこと。子どもたちは喜ん

蜜を探しにいけるように、お花の近くに放すのはどう?
この中じゃかわいそう
蜂の巣があった芝生の所がいいんじゃない?
……(悩む担任)

ケースを確認すると、たしかに2匹のハチが生まれていた。

ジグザグPOINT

一緒に、右往左往する

特に自然に関しては、偶然が事態を左右することが多く、瞬時に答えが出せないこともあります。担任も子どもと一緒に悩み、考え……。活動が深まれば深まるほど、こういうことが増えていくように思います。

でいますが、万が一、ケースが開いたら大変です。

さらに子どもたちは、「ここから出してあげよう」と言い始めています。ファンタジーの要素も大事にしたいけれど、子どもたちを危険にさらすことはできません。すぐに答えを出せなかった担任は、園長に相談。「ケースを開けるのは先生で、子どもたちはそこから離れたところで見守る」という条件で、ハチを放つことになりました。

当日、放つ準備をしていると、運悪く雨が降ってきました。「濡れたら飛べなくなっちゃう」「どうにかしないと」と考える子どもたち。担任が、クラスにビニール傘が余っていることを思い出すと、子どもたちは「ありがとう先生、それ貸して!」と目をキラキラさせ、さらに、「赤ちゃんベッドの上って、いろいろなものが飾ってあるでしょ」と傘に絵を描き始めました。そして彩やかになった傘の下で、ハチを放つことができました。

7月 キャンドル作り

蜜蝋で何を作るかは子どもたちが考えた。蜜蝋をゆっくりと湯煎で溶かしていく「待ち」の時間。4月当初には考えられなかった「静」の姿。

7月 キャンドルに火を灯す

じんわり温まるガラス、火の音、蝋が透明になっていく様子、火を消した後の煙の臭い、再び固まる蝋など、さまざまなことを感じていた。

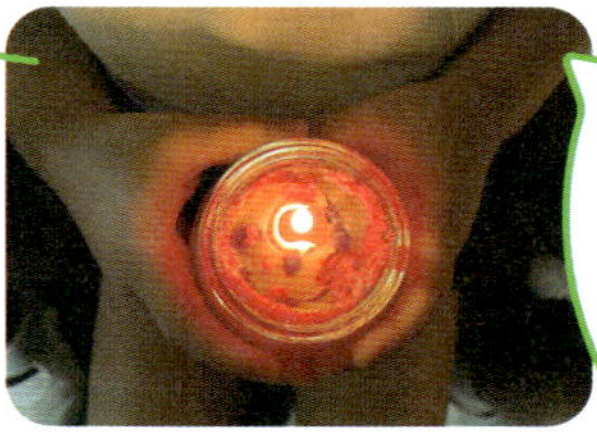

なんかキャンドルが汗かいてきた、暑いんかな

再びハチの巣！ はちみつへの思いが募る

それからしばらくして、なんと園内の別の場所にハチの巣ができました。再び、毎日巣を観察しに行き、「あれの白いの、はちみつかなぁ」と子どもたちの興味はさらに増しています。

ハチに夢中の子どもたちと、蜜蝋クレヨンや蜜蝋粘土であそんだり、蜜蝋のチップを使ってキャンドルを作ったりしているうちに、あっという間に7月が経過。子どもたちは、「はちみつ採れるくらい巣が大きくなっていてほしいなぁ」とワクワクしながら（実は夏休み中に撤去予定でしたが……）、夏休みに入っていったのでした。

1学期の姿を受けて、2学期にははちみつを使った活動を計画した担任ですが、できれば瓶に入ったはちみつではなく、採蜜体験がしたいと思っていました。あちこちの養蜂場に連絡したり、つて

9月　採蜜体験

せっかくなので、1回だけ濾したものと、2回濾したものをそれぞれテイスティング。その違いを、さまざまな角度から表現する姿があった。

を頼ったりし、なんとか入手に成功！　9月には、直径30センチのハチの巣が届きました。

採蜜をしよう！　そうしよう⁉

実際のハチの巣は強烈な匂い。それでも鼻をつまみながらじっくり観察し、「ハチの巣の形や！」「こっちから垂れてる！」「なんかいる！」とすぐに心動かされている様子がありました。

いざ採蜜へ！　ナイフで巣を切って蜜を採取するという方法を伝えると、子どもから「先生止めて！　かわいそうだよ」という声があがりました。「ハチさんのおうちが壊れちゃう」と、ほかの子も続きます。その言葉に担任はハッとしました。

担任だけでなく、盛り上がっていた多くの子どもたちも静まり返り、「どうしよう……」という空気が流れます。たしかにハチさんのおうちを壊すのはかわいそうだけれど、はちみつも採りたい

のです。そこにいるみんなが葛藤し、かなりの時間が経過しました。やがて、「ごめんねって言うのはどう？」「壊してごめんねって」という意見が出始めました。

一人ひとりの思いを確認し、最終的には、「ごめんなさい、はちみつをいただきます、いつもおいしいはちみつをありがとう」と言って、採蜜を再開。役割分担をしながら巣を潰し、何回か濾《こ》し、はちみつを味わうときには、みんな心から「いただきます」と言っていました。

当初、命の尊さを感じてほしいと思っていたのに、目の前の採蜜だけに目が向いていたことに気づかされた担任。ハチの巣ははちみつが採れるものでもあり、ハチのおうちでもあるという多面的なものの見方や、優しいまなざしが子どもたちに育っていることもよくわかりました。

子どもたちが、先生に言われてではなく、友達の言葉を聞いて、踏みとどまって考える姿は、大人主導ではなく、子どもたちの思いとともに進んできた保育だったからこその出来事でした。

偶然を味方につけながら、子どもと一緒に担任も、気づき、考え、葛藤する。多様なものの見方は、これからの生きる力に！

事例 4 4歳児クラス

主な活動時期：5月～1月

部屋に響く音→→→鉄塔 興味が伝播《でんぱ》する ジグザグ

4歳児クラスになって、自分の持ち物に鍵盤ハーモニカが加わりました。うれしくて、とにかく音を出してみようとする子どもたち。あそび用のバチも加わって、かなりの音が部屋に鳴り響いています。まだ新しい環境に慣れない時期でコーナーあそびも落ち着かず、子どもたち同士で「うるさい！」と言い合うことも多発していました。扱いに不慣れなだけで、楽器への興味や鳴らす楽しさには共感したいと考えた担任。制止するのではなく、よい方向に持っていけないかと考えていました。

身近な音に注目してみよう

担任が用意したのは、水・火・風・土の「音」にフォーカスした絵本。※例えば水では、「ぴちゃ」「ぽと」「ちゃぽん」など、たくさんの楽しい音が登場します。子どもたちの中に「そんな音がほんとにするのかな？」と疑問が生まれ、「実際に試してみたい！」という子がいたので、まずは一番身近な「水の音」に注目してあそんでみることにしました。

水道から出してみたり、コップからコップに移し替えてみたり。水を落とす高さによっても聞こえる音が違うことに気づき、聞こえる音を擬音にして声に出すことが楽しくなっていました。

風の音は？ 火の音は？ と興味津々の子どもたち。「今度は、風と仲良しになろう！」というこ

※『みず ちゃぽん』『ひ ぽうぽう』『かぜ びゅんびゅん』『つち どすん』作／新井洋行　童心社

風が強い場所を探したり、ひもを付けて風になびくようにしてみたり。

風の通り道、見つけたよ！

ジグザグPOINT

回り道してみる

「花火がしたい」といった、子どもたちの「やりたい！」にこたえていくことは大事ですが、そのまま直線的に実現させなくてもいいと考えています。幼児期だからこそ多様なアプローチの仕方があり、子どもたちがそこでまた別のおもしろさを感じる可能性もあります。

とで、部屋を飛び出しました。子どもたちは、それぞれ風で飛びそうなものを持ってきて、風が吹くと、「お腹にくっついた！」とか「あっちに行った！」とおもしろがりました。「紙がくるくる回ったで！」など、それぞれ見つけたことを伝えようとする姿がありました。

今度は火の音が聞きたい！

続いて「火の音も！」と勢いづく子どもたちを前に、火をどのように扱えばいいだろうか……と、担任は頭を悩ませていました。

そこへ子どもたちが「部屋にチャッカマンあるで」と教えてくれました。お誕生会のときに、ロウソクに火を点けるのに使っていたものです。

さっそくみんなで集まって、チャッカマンを点火！しかし、聞こえたのは点火の際の「カチッ」という音だけ……。子どもたちも、「これは火の

どんな花火に
しようかな～

花火玉の写真を見て、子どもたちが「似ている！」と感じたリモーザというおもちゃを、花火玉に見立ててあそんでいる。

どーんって
音がする

打ち上げ花火の映像を真剣に見ている。
気づいたことを言葉にする姿も。

音じゃない」と渋い顔です。

「どうしたら火の音が聞けるかな？」と話し合うと、料理やバーベキューのほか、花火という意見が出ました。子どもたちは、「花火めっちゃいいな！ 火の音聞けそう！」と盛り上がりましたが、担任としては、夜に園に残って花火をするのはなかなか難しそうだと感じていました。

花火コーナーが盛り上がる

プロジェクターでいろいろな種類の花火を映しながら「花火」について話をすると、子どもたちは特に「打ち上げ花火」に興味をもったようでした。そこで、「花火玉」というものがあることを紹介し、保育室にも写真を展示してみました。

子どもたちが「これで花火玉が作れそう」と言って持ってきたおもちゃを置いて、「花火コーナー」を作ると、花火あそびがスタート。パーツを

6月　花火の描画活動

次は青い紙にしてみようとか、紙をつなげる方向をこうしてみようとか、一緒に描き始めた友達とも声をかけ合いながら、楽しんでいた。

並べて花火玉の模様を作ると「花火が見たい人〜」と客を呼び込み、「ここはS席です」と観覧席が作られる充実ぶりでした。

一方で、「花火をしたい」という思いも根強く残っていたので、昼間、できるだけ薄暗い空間を作って線香花火をしてみました。パチパチという音や煙の匂い、空気の暖かさなど、目や耳や鼻や肌で感じている子どもたちを見て、担任は、実体験することの大切さを改めて感じました。

いろいろなテーマで花火を表現

線香花火の実体験で心が動いたのか、「花火を描きたい！」と言う子どもたち。絵の具を使って、「こんな花火ができたらいいなぁ」と言いながら、描画を楽しみました。はじめは一人で描いていた子も、どんどん友達の花火とつながっていって、いつのまにか複数人で一つのものを描くという光

6月　いろいろな世界で花火を表現

ジグザグPOINT

素材の力を投入！

自然物のほか、棒や積み木など、園にはシンプルなおもちゃがたくさんあります。このときの「花火」のように、テーマがしっかりと子どもたちの中にあるときに、いろいろな素材と掛け合わせると、想像を超えるものができあがることがあります。

景が広がっていました。

子どもたちの生き生きした描画の様子を見て、さらにいろいろな素材とかかわったらおもしろいのではないかと考えた担任。木の素材や光を透過する素材、いろいろな色の棒を用意し、「木の世界だったら…」「光の世界だったら…」「カラフルな世界だったら…」をテーマに、花火を作ってみました。すると、子どもたちの見立てる力がアートとなって大爆発！　友達と刺激を受け合いながらあそぶ様子がありました。

「打ち上げ」てみよう！

花火を思いっきり表現することを楽しんだ後、子どもたちが言っていたのは、花火玉を「打ちあげたい」ということ。どんなふうにしたら楽しいかを考え、身近な物であるカラーボールを使うのはどうかと子どもたちに相談しました。

6月　花火玉作り&打ち上げ

先生に肩車してもらう
2階から投げたら？

「もっと高く、宇宙まで飛ばすためにはどうする？」と、すぐにその場で話し合い。

カラーボールに丸シールを貼り、花火玉を表現。花火玉のイメージは、花火コーナーのリモーザで経験済みの子どもたちです。

完成した花火玉を持って、園庭へ。「こうやって投げたらめっちゃ高い！」などと言いながら、力いっぱい放り投げ、高く上がることを楽しむ子どもたち。しかし、ある程度、自分たちの投げられる高さの限界が見えたところで、子どもたちの中には、「もっと遠く、高く、宇宙まで飛ばしたい！」という思いが出てきていました。

星組、宇宙人組になる

より高く飛ばすため、子どもたちや担任から出た意見をいろいろと試すうちに、「宇宙で投げればいいんじゃない？」と言い出す子が現れました。周りの子たちも、「宇宙人を呼んでUFOから投げてもらえば」と話が盛り上がり……。その日の

6月　パラバルーンで打ち上げ

ちょうど体育あそびで経験していたパラバルーンを担任が提案。何回も挑戦し、力を合わせて、バルーンの上に置いたボールを跳ね飛ばした

みんなの惑星を一つにした惑星。きれい！

6月　惑星作り

出欠確認から、名前を呼ぶと、「我々は宇宙人だ」と答える子が続出！　これが大流行しました。「ここは宇宙人がいっぱいやから、星組じゃなくて宇宙組にしよう」と誰かが言い出し、「部屋の外に付いている看板も替えなあかん」という話に。看板のデザインをみんなで考えるという全体活動も行いました。

すでにぼくたちは宇宙人だった！

たくさん読んでいた、宇宙が出てくる絵本の中の一つに『ぼくはうちゅうじん』※がありました。宇宙人になりたいと思っていた子どもたちですが、ほかの惑星からすると自分たちも宇宙人だという見方を知り、心が動いた様子。「宇宙人だったんだね」と子どもたちと話していると、今度は「惑星が作りたい」というアイディアが出ました。

そこで、粘土を4色用意して、色を混ぜながら

※『ぼくはうちゅうじん』作／中川ひろたか　絵／はたこうしろう　アリス館

11月 宇宙人になって園内巡り

だれ?って言われたら、
“われわれは宇宙人だ”
って言おう

SPACE
BREAD
宇宙のパン

子どもたちの心を捉えた「宇宙のパン」。

12月 宇宙パン作り

惑星を作りました。それぞれきれいな惑星ができあがり、最後には、全部を混ぜて一つに。みんなの惑星が混ざった惑星は本当にきれいで、部屋にずっと飾られていました。

宇宙人のマスクも作りました。子どもたちの提案で「みんなを驚かせよう」とマスクをかぶって園内を練り歩きました。しかし、いざ年少さんに遭遇すると、恥ずかしさもあって尻込み……。

4歳児らしくそこはあっさりとあきらめ、自分たちのホームで存分に楽しむ方にシフトした子どもたち。部屋の中で宇宙人になり切り、宇宙語を話し、宇宙人生活を楽しんでいました。

宇宙への興味がいろいろな角度から発生

この頃になると、「宇宙に行く」ということは少しあきらめてきていて、宇宙を描いて天井に貼ったり、宇宙人が食べているものを考えたり、いろいろな角度から宇宙に興味をもつようになりました。

その頃、宇宙の知識を得ようと考えた担任は、宇宙科学博物館を訪問。そこで、宇宙食のパンを買ってきました。担任のお土産に子どもたちは興味津々！「宇宙飛行士さんはこんなものを食べているんだ！」という興味のほか、「缶詰に入っているパン」自体が衝撃だったようで、「パン作りがしたい」「宇宙パンが作りたい」という子どもたちのリクエストがありました。

「宇宙パン」って、どんなパン？

ここで、子どもたちの考える「宇宙パン」とはいったいなんなのか？　星の形なのか、ロケットの形なのか……。担任のイメージで進めてしまうのはよくないと考え、子どもたちに聞いてみました。すると、「宇宙パンって、缶詰に入ったパンやで」とのこと。まずは缶を作るところから、宇宙パン作りが始まることになりました。

立体的な缶の形を作ることに苦戦をしていましたが、「ここ持っておいてあげるから、貼り！」「こういう形を切ってほしいから誰か手伝って」など、子どもたち同士で協力しながら紙の筒を制作。「ここにパンが入るんだ〜」と想像して楽しみにしながら、作り上げていました。

その後、ドライイーストの匂いや生地のもちもちした感触を味わいながら、パンを好きな形に成形。焼き上がったパンを缶に入れ、宇宙パンの完成です！　給食の時間に食べた子どもたちからは、「これで宇宙に行くときはいつでも作れるなぁ」という一言が……。

同じ形のものが
集まると、タワー
になるね！

工事の人が
登ってるの
見た！
「すずめが
サンバ」の歌に
出てくるよね
高くてすご

部屋の窓から見える鉄塔。

これまでも積み木コーナーにあった虹の積み木。ここにきて、重ねて大きなタワーにするというあそびが始まった。

この一連の活動を楽しむ中で、子どもたちと宇宙の距離はぐっと縮まっていたようです。

ずっとそこにあったけど……

宇宙への興味はその後、星座や太陽へと移っていきました。太陽の光の観察から、窓に貼ってあるカラーセロファンが「どうしてくっついているのか？」という疑問をもった子どもたち。そこから、「静電気」「電気」が気になり始めました。

すると、窓からちょうど見える電信柱と鉄塔が目に留まりました。電気に関係している何かだと、子どもなりに察知したようで、鉄塔についての話題で盛り上がっています。鉄塔から出る線をたどって、「電気があそこを通って部屋に来てるんや」と考えを巡らせている子もいました。

鉄塔は、これまでも窓から見えていました。春からいろいろなことに興味をもってきた子どもた

1月 スタンピングでタワー作り

ブロックなどのおもちゃを使ってスタンピング。平面でも、積み上げるおもしろさを楽しめている。

めっちゃ高くまで積み上げよう！

中を点検中〜

3学期、コーナーで何か月も続いた鉄塔作り。一度崩れたが、その再建も含めてあそびとなっていた。

ち。一つ一つのことを存分に楽しむことで次の興味が生まれ、それを繰り返して生まれた「電気」への興味と、そこにあった鉄塔がカチッとはまったのでしょう。あらためて、子どもたちの目線で見たら、周りのもの何でもがテーマになりうるのだと気づかされる出来事でした。

「鉄塔」への興味が新たに生むあそび

その後、各コーナーでのあそびに、「タワー」の要素がプラス。あそびながら「積み上げることで高くなる」ことをつかんでいました。

鉄塔を作るために、鉄の棒を求めてきた子どもたちですが、さすがにそれは用意できません。紙を丸めた棒の作り方を伝授すると、子どもたちはみるみる習得！固く強い棒を作れるようになり、子どもたちの背よりも高いタワー作りが始まりました。役割分担をし、それぞれがおもしろいと感

みんなで集まって、演奏するのが楽しい！

演奏する曲決めや保護者インタビューといった司会進行の工夫、場作りまで子どもたちが行った。

1月　縄で模様作り

1月　縄あそび

ジグザグPOINT

あそびをつなげていく

体育あそびだから、造形あそびだからと分けて考えず、同じ教材で何かできないかということも考えます。打ち上げ花火のときのパラバルーンもそうですが、体育も造形も経験しているのは同じ子ども。それぞれの活動がつながると、子どもたちの中でより経験が深まっていくように思います。

じるポジションであそんでいます。

鉄塔作りと同時に、目には見えない電気をイメージしたあそびもあちこちで始まっていました。子どもたちは、粘土を細く長くのばしたり、ワイヤーとストローを使ったり、いろいろな素材を使って、電気が通る電線作りあそびを楽しんでいました。

またちょうどその頃、体育あそびで縄跳びに子どもたちが挑戦していて、縄跳びに使った縄で形を作れることにも気づきました。その後行った、縄やひもを使って、土の上でいろいろな形ができるあそびがとても楽しかった様子だったので、保育室では、より扱いやすいさまざまな種類の縄を用意して、造形あそびへとつなげました。

みんなで音を出すのが楽しい！

3月、ある日のコーナー活動の時間、「みんな〜」と誰かが声をかけると、別々にあそんでいた子どもたちが鍵盤ハーモニカやバチを持ってきて、全体活動のようなあそびが始まりました。このあそびはしばらく続き、発表会コーナーに発展。子ども同士で発表し合っていましたが、次第に「お客さんも招待したい」という思いが生まれ、3月の最後の参観日を音楽発表会にすることになったのでした。

4月当初の騒音に近い音とは全く違う、楽しくて心地よい楽器の音。そして、子どもたちの関係性も大きく変わりました。それは、子どもたちの小さな興味に担任が向き合い、よりおもしろい方向、楽しい方向へと進んできた中で育まれたものです。好き・楽しいと感じることが日々を充実させ、子どもを成長させるのだということを、あらためて再確認することができました。

子どもは、楽しいことが好き。楽しいことに興味を示し、どんどんやってみたくなる。「おもしろい」を積み重ねよう！

4歳児のジグザグ事例ふりかえり

佐川早季子

想像力を膨らませて別の見方に気づく

4歳児の事例では、子どもたちが想像力の翼を広げて、ものに思いを寄せ、自分なりの発見（!）や疑問（?）を見つけていっていました。友達や先生がいるからこそ、新しいものへの興味が伝播したり別の見方にふれたりと、ジグザグが広がりを見せていました。

偶然や予想外の出来事が原動力に

一つ目の事例では、アリを踏み潰したりする子どもたちの姿に担任保育者は課題を感じ、「命は大切」という思いをもってほしいと願いを抱きますが、すぐに言葉で諭すのではなく、対象（虫や植物などの生き物）とふれあい、楽しい経験を積み重ねながら、その対象へのさまざまな見方を示そうとしています。

生き物や自然現象には、偶然や予想外の出来事、危険なことがつきもので、保育者が思ってもみなかったことが次々に起こります。壁面に絵を描いてハチを呼び戻そうとしているときに本当にハチが飛んできて、子どもたちの心が動かされ、自分の思いやイメージに結びついて、物語の続きができていきます。保育者は、偶然や危険なことをすぐに取り除くのでなく、子どもたちの思いを感じて、迷いながら考え、安全面に配慮して判断しています。その結果、子どもたちの想像力を刺激し、保育が思わぬ方向に進む原動力となり、子どもたちがさまざまな見方にふれています。

発見（!）や疑問（?）をアートにしてあそび倒す

二つ目の事例では、部屋に音が鳴り響き、子どもたち同士でも「うるさい」と言い合っていたといいます。しかし、担任保育者は、それを制止して行動を変えさせるのではなく、長期的なスパンで、子どもたちの好きなことや楽しいことにフォーカスして、さまざまな素材でアートにしてあそび倒していきました。

実際に見ることができない打ち上げ花火を扱うときでも、映像を見たり音を聞いたりする中でできたイメージを、自然物、棒、積み木など、点・線・面になる素材で、形と形を組み合わせて構成して作ることを楽しんでいました。静電気、電気、鉄塔と興味・関心が移り変わってきた子どもたちが、鉄塔でどうやってあそぶのかと思ったら、「積み上げることで高くなる」という行為としてあそぶのを見ても驚きました。手を動かして作るということが、幼児の想像力を膨らませ、現実世界をよく観察することになっていくのです。

こうやって、楽しい経験を積み重ねるうちに。当初はバラバラだった騒音だったものが、3月には自然発生的な音楽会になりました。長期的な時間の中で、さまざまな楽しい経験を積み重ねる中で、友達との関係や「音」との関係が編み直されたのだと思います。

「生きているものどうしの想像力」が自分にも向かう

3歳児のとき、さまざまな対象に広がっていった想像力は、4歳児では自分にも向かいます。身近な音から始まり、花火、宇宙、宇宙人へ興味が移ったとき、子どもたちは「ほかの惑星からすると自分たちも宇宙人だ」という見方を知ります。

一つ目の事例でも、いざ採蜜というときの一人の子どもの「(はちみつを採ると) ハチさんのおうちが壊れちゃう」という言葉に、担任も子どもたちも、自分たちのやろうとしていることの別の意味に気づき、静まりかえったという瞬間がありました。予想外の出会いを積み重ねていく中で、命を大切にする気持ち、そして自分たちの行動がその命にどんな影響を与えるのかというところにまで想像力が向かっていくのです。

小さな声を聴くことで生まれる沈黙・よどみ・停滞

保育者と子どもたちの沈黙は、そのテーマに向き合い、踏みとどまり、一緒に葛藤する時間であり、採蜜するということの意味にまで思いをはせる時間になりました。先を急ぎ、保育者の意図と多数派の子どもたちの思いばかりを優先して直線的に進めていたのでは、このような沈滞、そしてワクワク (湧く・惑) は生まれなかったでしょう。じっくりとした時間の中で、想像力を膨らませ、さまざまな感情とともに別の見方に気づいていく子どもたちです。

これからの保育・教育②

保育者の直感を信じる

子どもたちの中にあるたくさんの興味・関心から何を保育の中に取り入れていくか？ 選択肢がいろいろとある中で、多数決によらず保育を進めていこうとするときの最終判断には、クラス担任の経験から生まれる「直感」が左右しているようです。

ここでいう「経験」とは、担任歴何年という経験ではなく、そのクラスの子どもとの無数の対話から生まれる「経験知」です。

先生たちの保育を見ていると、日々の「会話」の中で出てくる想定外の突拍子もない反応や発言、意見を決して除外せず、ホワイトボードに記録しています。加えて、日ごろの小さなつぶやきも丁寧に聞いて、受け止めています。

そうした本当にたくさんの、子どもたちから出た言葉や姿がインプットされ、そこに一人ひとりの子どもの個性の理解が集積されていき、その上に保育者としてのねらいが最終的に加わって、ある瞬間に化学反応が起こり、「よし、このあそびがいいんじゃないか」「この活動を試してみようか」という直感に導かれた判断が生まれてくるのだと思います。

このプロセスをあまりに論理的に考え、理屈でまとめてしまうと、結果的におもしろい活動が生まれにくくなるのです。あるときには、保育者の感性から生まれた、一見突拍子もないような提案が、あそび心に満ちたワクワクする保育を生み出すこともあります。保育者には、自分の直感を信じて、楽しく保育をしてほしいと思います。

(今川公平)

第3章

「深い学び」が生まれるジグザグ5歳児

「深い学び」が生まれるジグザグ

5歳児

これまでの経験から、どんな活動や生活の場面でも見通しや予測がある程度立てられるようになります。知識も増えて、やり方についても落ち着いて工夫できるようになってきます。

興味をもったことを、より探究したい、もっと試してみたいという思いも強くなり、友達のことを「何かを実現するための仲間」として意識し出します。友達や保育者とじっくり話し合い、イメージを共有してあそびを広げることに充実感を得るようになるのです。

保育者も巻き込んだ話し合いや探究、試行錯誤の中で、さまざまなジグザグが生まれ、それまでの子どもの経験を生かしていけるような「深い学び」が生まれてくる時期といえます。

あそび方、試し方を見つけて、工夫することが楽しくなる

もっと速くしたい！

あそび仲間ができ、仲間の意見に耳を傾ける

見つけて、相手に伝えるおもしろさを知る

見たい！
あっちで大発見したよ！
もっとおもしろいこと見つけたい！

以前の経験を思い出し、次のあそびに生かす

夢中になって、本気を出す

事例 5

5歳児クラス

主な活動時期：4月～7月

歯車→→→ロボット「できた・できなかった」が消えたジグザグ

4月当初の5歳児クラス。子どもたちは毎日楽しく過ごしている様子でしたが「できた」「できなかった」という言葉の多いことが気になっていました。とはいえ、これに対して何か直接的な働きかけができるわけではありません。正解や不正解のないことで、何か自信をもって取り組めるような経験ができたらいいなと思いながら、担任は粛々とあそび環境を整え、子どもたちの興味を探っていました。

「歯車」の原理を子どもが発見！

ある日、LaQというパーツの小さなブロックであそんでいたA児が、「先生、見て！」と担任を呼びました。放射状にしたものを2つ組み合わせ、「片方を回すともう片方もくるくる回る」ということを発見したようです。

担任が「大発見！ 歯車みたいだね！」と言うと、子どもたちの中から「歯車、知ってる！」という声が上がりました。周りの子たちも「すごい！」「おもしろい！」と集まってきて、まねし始めます。これはあそびが広がるきっかけになるかもしれない……と感じた担任は、倉庫から木製の歯車のおもちゃを出し、あそびコーナーに置きました。すると、1つの歯車を回すと連動して回る仕組みのおもしろさや不思議さに、夢中になってあそぶ様子がありました。

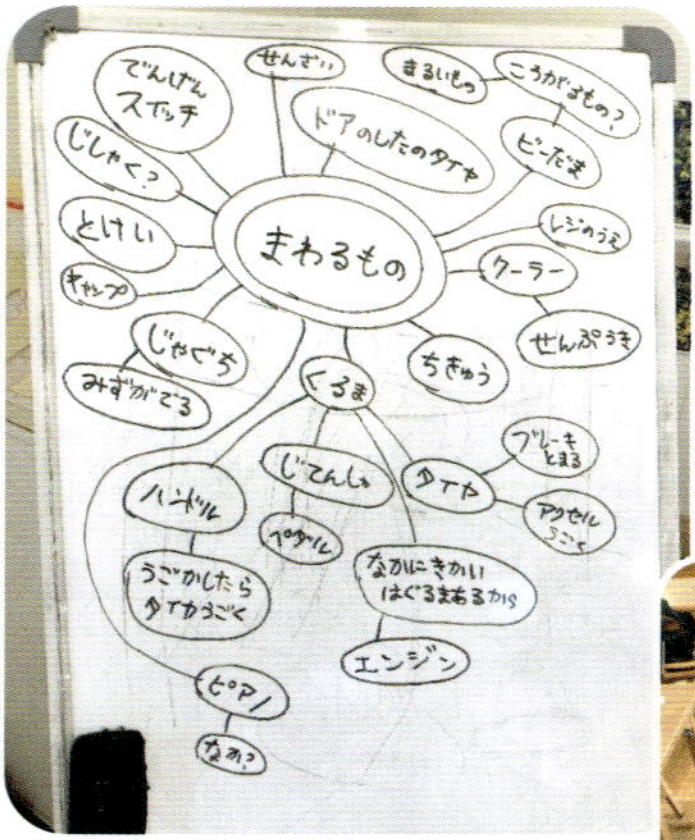

手でこっちを
回したら
くるくる回るよ！

繰り返し回したり、
いくついっぺんに
回るか試したり。

ジグザグPOINT

担任の直感を信じる！

発見したのは、新年度の緊張がまだほどけていなかったA児。「自分は大発見をしたんだ！」と興奮している様子がうれしかったし、きっとみんなもおもしろいと思ってくれるだろうと直感的に思い、みんなに共有しました。

「歯車」について話題にしてみたけれど…

会話の時間に、「歯車で動くもの」にはどんなものがあるかを尋ねてみました。知識として歯車のことを知っている子どもたちからは、「時計台」「車」などの意見が出ましたが、大半の子どもたちは「〝歯車〟って？」という感じできょとんとしています。みんなで盛り上がって話す空気にはなりませんでした。

翌日、今度は歯車の「回る」部分に注目して、「ぐるぐる回るもの」について話してみることに。すると、身近なものから宇宙まで、たくさんの意見が出てきました！　さらに、「回る」の中にも「手で回すと回る」「機械で回る」「転がって回る」などいくつかの種類があることもわかりました。

5月　回るもの探し

自転車や蛇口は手で回すことができた。

反応が弱ければすぐ見直し！

ジグザグPOINT

「歯車」から広げていこうと思って「歯車で動くもの」を話題にしましたが、話してみてわかったのは、機械の内部に使われている歯車は外からは見えず、わかりにくいということ。時間をかければ理解できたかもしれませんが、それをいまやるのは違うかなと思いました。「回るもの」だと、「歯車のおもしろさ」とは少し離れますが、そこは気にしないことに！

回るものを探しに行こう！

会話の時間の盛り上がりを受けて、園の中にある「回るもの」を探しに行ってみることにしました。

園庭に出ると、戸外の楽しさに気を取られて散り散りになってしまうのではないかという心配も担任の中にはあったのですが、好奇心が刺激されている子どもたちは回るもの探しに熱中！　自転車や蛇口、風車などを次々と発見し、実際に回るか試したり、どの「回り方」かを確かめたりする姿がありました。

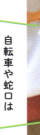

コーナーの盛り上がりから全体活動へ

いろいろな種類のコマを置いたコマ回しコーナー、プラスチックのネジを使って穴にはめたり部品をつなげたりしてあそべる「ネジ

5月　凧作り

おもちゃのネジがちょうどはまる穴あきボードを用意。

プラスチック段ボールで作ったパーツに穴を開けて、ネジでつなげられるようにした。

回しコーナー」など、担任の作った環境は子どもたちの興味を捉え、多くの子が「回るもの」を楽しんでいました。

　そこで、クラス全体でも「回るもの」あそびを展開。「くるくる回る凧作り」では、自分で作った凧が、どういう走り方や持ち方をしたらよく回るかを、友達と見合いながら、繰り返し試す姿がありました。

「転がりながら回るもの」にスポットを当てた「コロコロ実験あそび」では、太さや大きさの違う筒、大きさや重さの違う球をたくさん用意し、傾斜の違う坂を設置。広いホールで、たっぷり時間を使って、思い思いにコロコロ転がしてあそびました。活動の終わりに、今日の実験で気づいたことを尋ねると、「一番急な坂がよく転がった」「スーパーボールはいっぱい転がって壁にぶつかって戻ってき

6月 コロコロ実験

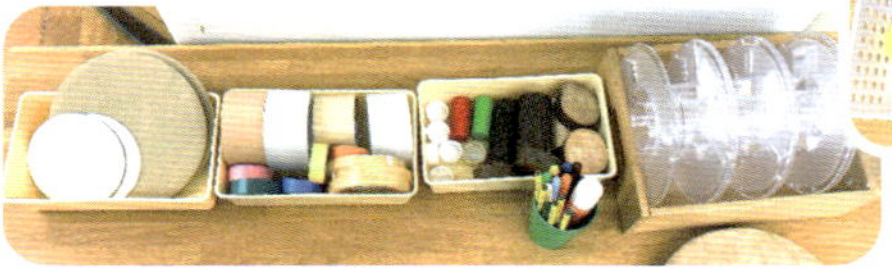

コーナーでも、引き続き実験！

ジグザグPOINT

子どもたちの様子に刺激を受けて

子どもたちが見つけたもの以外にも回るものはないか？ ネジやコマも用意したら回るものだと気づくだろうか？ 回るものを作ってあそべないか？ など、たくさんの「こんなの、どうかな？」が浮かんできました。その勢いでコーナーを充実させ、全体の活動も考えていきました。

た」「ガチャガチャの（容器の）中に物を入れたら……」など、キラキラした目でそれぞれの発見を発表してくれました。

あそびの継続で深化、発展！

試してあそぶ姿が板についてきた子どもたち。コロコロ実験を「もっとやりたい！」という子も多かったので、引き続きあそべるように、実験道具をコーナーに置いておくことに。すると、「板をもっと高くしたら？」「転がるところを長くしてみたら？」など、さらに試行錯誤してあそぶ姿がありました。

また、「転がってくるものをキャッチする」という新たなあそびにも発展していました。転がす人とキャッチする人に役割分担しながらあそぶ姿に、ずいぶん5歳児らしくなったなと感じた担任でした。

6月　くっつく所探し

やっぱり、
ネジは
くっつくな

“カーン”って
音が鳴って
くっついた！

コーナーに置く素材を変えてみると…

今度は金属のネジと磁石を、コーナーに加えてみました。すると、登園してきた子どもたちは「本物のネジや！」とさっそく反応。磁石を手に取って「くっついた！」とあそび始めました。「金やからやで」「金じゃなくて鉄じゃない？」などと、もっている知識を出し合う姿があり、「磁石がくっつくのはどっちか調べてみたい」という話に。

　そこで全体活動として「磁石がくっつく所探し」をすることにしました。あそびを通してくっつくと知っている「ネジがある所」を探したり、壁などをたたきながら「カーンっていうところはくっつくのでは？」と推測したり。磁石に反応があるたびに、「くっついた！」と担任や友達に知らせています。「金

ネジや磁石の写真のほか、丸や四角などの素材も用意し、
コラージュ的な表現を楽しめるように意識した。

ジグザグPOINT

正しい方向に行かなくても気にしない！

くっつく金属の正体が金なのか鉄なのか調べたいということから始まったのですが、その部分はさておき、子どもたちは磁石がくっつくところ探しを楽しんでいました。担任としても、そこの正解にたどり着くことは活動の目的ではないと考えました。

か鉄か」の答えにはたどりつかなくても、子どもたちの姿は自信に満ちあふれていて、当初の姿とはだいぶ変わってきていました。

子どもの気づきから起こるムーブメント

探す・実験するといった動的な活動とともに、静的な活動も大事にしたい、アートの要素を取り入れたいと考えた担任は、「コラージュ」を意識して、ホワイトボード上で、ネジの写真を自由に貼ってあそべるようにしていました。

ある日、そこであそんでいたB児が、「ネジって、ロボットの目みたいやな」とつぶやきました。その一言が、担任と周りの友達の心を捉え、お手玉や定規、ままごとの道具など身の回りにあるもので、目・鼻・口を並べて顔に見立てるあそびが大流行！ とてもお

6月 ロボット作り

6月 顔作り

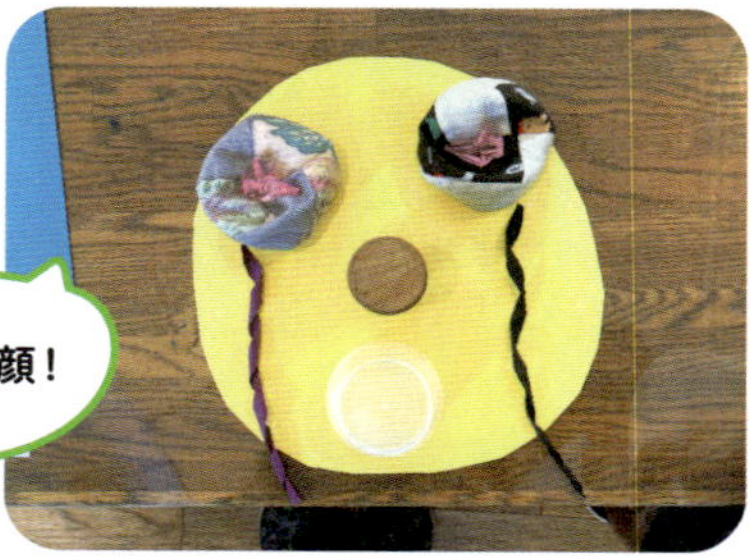

ジグザグPOINT

また別の場所で顔を出すことも！

“顔”というモチーフは、表現する対象としておもしろさがあり、子どもたちの心に残った様子。年度後半にも別の活動で登場しました。経験がつながって、思いがけないところでまた顔を出すのが、子ども主体の活動のおもしろいところです。

もしろいので、クラス全体の活動としても行いました。

この時期になると、子どもたちのムーブメントで、おのずと活動が決まっていくように。その一方で、担任の思いや願いもあります。B児のつぶやいた「ロボット」というイメージをもう少し取り入れたい、もっといろいろな素材にふれてほしいと考えた担任は、金属と油粘土を組み合わせてロボットを作る活動を提案しました。子どもたちは、さまざまな形状の金属を「これはロボットのアーム」「これは目に使えそう」とイメージを膨らませながら、自由に表現していました。

自分たちのやりたいことを存分に

楽しみ、なおかつ、友達や保育者の提案も十分におもしろがれる……。いつのまにかそんな5歳児集団になっていました。

「○○を探す」というあそびや実験あそびを通して、子どもたちそれぞれが「これがこうだった」という大発見をし、その発見に対して周りが驚いたり共感したりすることで、伝える喜びを感じている子がたくさんいました。そしてそれが、「もっとおもしろいことを見つけてみんなに伝えたい！」という気持ちを生み、探究のサイクルが回っていったようでした。

このサイクルが回る中で、「できた・できなかった」という価値観が消えていきました。また担任自身も「そういえば、形に残る作品作りをほとんどしなかった！」と終わってから気づいたというほどに、子どもたちと一緒に「ジグザグの過程」を楽しめたのでした。

正解を知るより、作品が残るより、「おもしろいことを見つけようとする」その姿勢が最大の成果！

事例 6

5歳児クラス

主な活動時期：4月～3月

ヤモリのスイスイ→→→映画館 達成感と自信が生まれるジグザグ

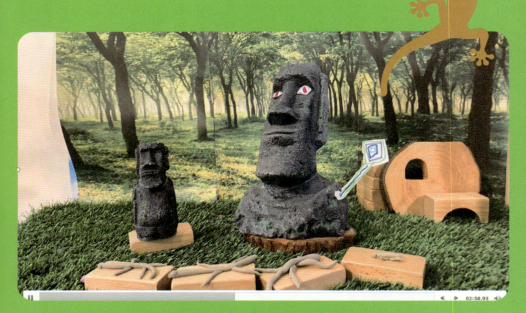

『モアイの大冒険～スイスイがゴリラになっちゃった編～』

新年度、比較的落ち着いた雰囲気の5歳児クラス。大人びた子どもが多い印象で、反面、「人前で何かをするのは恥ずかしい」という気持ちが見える子もいました。3、4歳児でさまざまな経験を重ねてきた力のある子どもたちに対して、援助と見守りのバランスをどのようにしていくかが課題だと担任は感じていました。

「スイスイ」との出会い

5月、外あそびを終えて部屋に戻る途中、A児がヤモリを捕まえました。クラスには生き物を好きな子が多く、「小さくてかわいい！」「部屋で飼いたい！」と大盛り上がり。さっそく会話の時間に、「クラスで飼うことについてどう思うか」聞いてみると、みんなが賛成！「虫かごに葉っぱを入れてあげたらいいんちゃう」という意見に、「ヤモリは生きた虫を食べるんやで」と知っていることを話してくれる子、「家で調べてくる」と言う子もいました。担任もヤモリの飼育は初めて。ペットショップで飼育方法を聞いたり、子どもたちが調べてきたことを聞きながら餌の調達をしたり、子どもたちと一緒にヤモリについて学びながら飼育をスタートさせました。

昨年度に「スイスイ」と名付けたヤモリを飼育していたB児の、「この子もスイスイがいいなあ」という言葉をみんなが受け入れ、「スイスイ」という名前が定着。6月になる頃には、大半

毎日、飼育ケースの前でじっくり観察。

木切れを使って、
スイスイのおうちを制作中。

の子どもがスイスイに思いを寄せるようになっていました。

描画活動でスイスイを題材にすると、「スイスイが空を飛んでいると…」「スイスイがお花畑に行って…」など、スイスイに愛着をもっていることがよくわかる表現がたくさん見られました。

夏休み！スイスイをどうする？

1学期の終わり、「夏休み中、スイスイをどうするか」について、みんなで話し合いました。「元いた場所に逃がそう」「悲しいから逃がしたくない」「捕まえた人が連れて帰る」などたくさんの意見が出ました。最終的に、担任が連れて帰るという結論になったのですが、スイスイへの愛情があればこそ、それぞれの本気の思いがぶつかり合って、5歳児らしい話し合いの時間になりました。

夏の間、担任は懸命に世話をしたものの、スイ

みんなの大好きなスイスイ。元気になってほしかったけど……。

6月　スイスイを題材とした描画

自分の考えたことやイメージしたことを表現する力がついている5歳児。

ジグザグPOINT

簡単な結論を最初から提示しない

夏休み中の生き物の飼育。いちばん簡単なのは「先生がおうちに連れて帰ってお世話するね」と言ってしまうことですが、年長組だからこそ、自分たちで考えて生き物とかかわってほしいと思い、投げかけました。結論としては同じなのですが、そこに至る過程が大事なのだと思います。

スイは徐々に衰弱……。心配する子どもたちの祈りは届かず、2学期になって間もなく、スイスイは死んでしまいました。

スイスイの死と向き合う

大切な存在だったスイスイとの思い出をみんなで振り返りながら、死んでしまったスイスイをどうするか、子どもたちと話し合いました。

過去の飼育経験から「埋めてあげる」「お墓を作る」といった意見が出る中、ある子が「人間は、死んだら焼くんやで」とボソッと言いました。担任が「なんで焼くの？」と聞くと、「煙に乗せて、ちゃんと天国に行けるようにするためやで」とのこと。おそらく、家庭でそうした経験をしたのでしょう。おもしろい提案だと思った担任が、「じゃあスイスイも焼いてあげる？」と投げかけると、多くは「そうする！」という反応でしたが、「焼

煙が空に昇っていく。スイスイも空へ……。

10月　スイスイの火葬

ジグザグPOINT

子どもたちの意見がまとまらないときは…

火葬に賛成の子も反対の子も、スイスイの死を悲しむ気持ちは同じ。直感的に「このままではらちが明かない」と思い、考えやすい話をふってみました。それによってどうなるかまではわかりませんでしたが、結果的に意見がまとまりました。

くのはかわいそう」だという子どもたちも2割くらいいました。

焼くか・焼かないか、というところで話していても結論が出ないと思った担任が、「焼くとしたら、どうやって焼くんだろうね？」と問いかけてみると、みんなが無言に……。顔には〝どうするんだろう？〟という「？」が浮かんでいます。やがて、「園長先生やったら知ってるんちゃうか？」「バスの運転手さんが前に笹を焼いてたから聞いてみるわ！」という意見が出て、それぞれが調べてこようという流れに。時間はかかりましたが、それぞれが聞いたり調べたりしてきたことを伝え合う中で、火葬する方向でみんなの気持ちが自然と固まっていったのでした。わからないことは聞いたり調べたりしてみようとする姿勢が育っていることも感じられました。

火葬当日、「人間も、花や好きな物と一緒に焼いたりする」という調べて得た知識を生かして、葉っぱやお花をスイスイの周りに飾っていた子どもたち。煙が空に昇っていくのを見て、スイスイが空に昇っていくようなイメージをもち、空を見上げて声をかける様子もありました。

スイスイとエイサーからシーサーへ

火葬後も、スイスイへの思いは続いていて、「会いたいな」「天国で元気にしてるかな」といった言葉も聞こえていました。ちょうどその頃、学年全体の活動として「お祭り」プロジェクトが進行。いろいろなお祭りについて調べていく中で、沖縄の「エイサー祭り」に出会いました。

先祖の霊をあの世に送り出すための踊りが起源だという「エイサー」が、スイスイを空に送り出したばかりの子どもたちの心に留まったのです。エイサー踊りで使われる「バーランクー」という太鼓をたたきながら、天国のスイスイに思いをはせる場面もありました。

エイサー祭りをきっかけに、子どもたちの興味は「沖縄」へ。みんなで調べてみると、海がきれいであること、ウミガメがいること、シーサーという守り神がいることなどがわかりました。沖縄コーナーには、園にあったウミガメのはく製のほか、たくさんのシーサーが集結！全体活動としてオリジナルのシーサーを描いてみると、それぞれ自分のイメージを見事に表現する姿がありました。

11月　オリジナルのシーサーを描こう

太陽のシーサー、ブラックホールを守っているシーサーなど、自分の想像するシーサーを表現。

この青いシーサーは海のシーサーやな

「家にシーサーあった！」と持ってくる子も。色や表情の違いに注目しながら想像を膨らませていた。

沖縄のことを知れば知るほど興味が湧き、行ってみたいという気持ちにもなってきます。でも飛行機でしか行けないし……と、苦肉の策で飛行機コーナーを作ってみた担任。子どもたちはフライトごっこを楽しんでいましたが、担任自身は、みんなで共通の実体験ができない「沖縄」というテーマに限界を感じていました。

テーマの切り口を変えてみると…

そこで、「沖縄＝暖かい地域」ということに注目してみることにしました。

沖縄のウミガメに会いたいと盛り上がっていた子どもたちに、「沖縄のウミガメは、冬になると沖縄から離れるらしいよ」と、本に書いてあった情報を伝えてみました。すると子どもたちは、「どこに行っちゃうの？」と興味をもち、ハワイなどの暖かい海に行くという情報を本から入手。「沖

1月の遠足で行った民族博物館では、
本物のモアイにも会えた。
近くで見たり、後ろから見たり。

沖縄コーナーの隣に作られた飛行機コーナー。CAのスカーフや、機長がアナウンスするときのマイク、地図などを用意。

ジグザグPOINT

勘違いをそのままに

「モアイがおる!」と言った子も含めて、「モアイ」を正しく知っている子は一人もいませんでした。でも、何やら魅力的なものだと、子どもたちがピンと来ているのがわかりました「これはモアイじゃないよ」と誤解を解くよりも、子どもたちの感性を大事にしようとこのときは思いました。

縄」から「ハワイ」という世界の地域へと視点が移りました。

さっそく、ハワイの風景をプリントアウトして子どもたちと眺め、感じたことや気づいたことを話し合ってみました。その途中、一人の子が「モアイがおる!」と叫んだのです。実際にはそれはモアイではなかったのですが、「モアイ」という3文字の言葉の響きには大きなインパクトがあり、みんなの興味が一気に「モアイ」に傾きました。調べて、伝え合って、考えて……というサイクルに入り、みんなモアイが大好きに! 冬休みをはさんでも、モアイへの興味は継続したのでした。

同時進行していた「お話作り」

今年度、年長児で経験したい内容として、「お話作り」の活動をしていました。5月頃、『ジャックと豆の木』のペープサートを用意すると、子

6月 ペープサート作り

一人で何個も作る子や、友達の作ったものと合体させてあそぶ子たちもいた。

役割を分担しながら、あそびに必要なものを作っている。

どもたちは『劇場版 ジャックと豆の木』だと言って「映画館ごっこ」を開始。そこから、「映画館を作りたい！」と思い始めたようでした。

しかし、ポップコーンやチケットなどの会場作りは着々と進むものの、肝心の映画はというと……。みんなの前で演じるのが恥ずかしいのか、「先生、やってや～」となりがちでした。

6月、人形劇鑑賞会でプロの人形操作に刺激を受けた子どもたち。みんなでペープサート作りをすると、映画館コーナーで自作のペープサートを動かしてあそぶ姿が、1学期が終わるまでずっと見られました。

お話作りは好きだけど…

夏休み明け、映画館コーナーはなくしていたのですが、C児の「ここに映画館コーナーを作りたい」という一言で復活させたところ、再び

ジグザグPOINT

ニーズがあれば復活させる

基本的には、1か月単位で部屋のレイアウトを見直します。プロジェクトに関するコーナーは、もっと早く変化することも。コーナーがなくなっても、そこであそんだ子どもたちの中には残っていて、必要になったら子どもたちが言ってくれるので、そのときにまた作ればいいやと気楽に考えています。

富士山の背景ができたり、家の装置ができたり、1学期よりも充実した映画館コーナー。

映画館作りに熱中していました。それでもやはり、即興のお話をみんなの前でやって見せることには抵抗がある様子で、結局、保育者が演じるということも続いていました。

しかし子どもたちは、みんなの前で話すのは恥ずかしくても、お話作り自体は楽しいと感じているようでした。そこで、お話作りを楽しむ玩具（キューブにさまざまな絵が描いてあり、転がして出た絵を盛り込んでお話を作る）をコーナーに用意。友達同士であそんだり、会話の時間にやってみたりして、「人に向かってお話をする」経験を重ねていけるようにしました。

子どもたちの抱えるモヤモヤの原因は…

お話あそびが定着する一方で、映画館について、子どもたちの中に「これじゃない感」があると担任は感じていました。実際、「映画はこんなんと違う」という声も聞かれ、どうやら人形劇も即興話も「映像ではない」という点で、モヤモヤしているようでした。

そのまま冬休みに入り、なんとかモヤモヤを晴らしてあげたいと悩んでいた担任は、ふと、前に受講したアニメーション研修を思い出しました。そのときに、コマ撮り動画の作り方を教わったのです。

これなら子どもたちも納得するかもしれないと考え、3学期が始まるとさっそく、「みんなで自由にお話を作ってみよう！」と提案。4人グループに分かれてお話を作る活動をしました。テーマは、その頃ちょうど盛り上がっていた「モアイ」で決定！ グループ内で話しやすいように、「ふだん動かないモアイがどんなことをしていたらおもしろいかな？」と投げかけたところ、それぞれ活発に意見を出し合い、「モアイが自転車で転んだら……」「モアイが海に落ちたら……」など楽しいお話ができあがりました。中には、スイスイが登場するストーリーを考えたチームもありました。

子どもたちのスイッチが入る！

それぞれのおもしろいお話を聞き終えた後、担任が「そのお話が映画になったらおもしろそうだね」と言うと、「そんなことできるん?!」「やってみたい！」と子どもたち。担任が数人の子と試しに作った短いアニメーションを見せると、その場の空気が一変！「これが映画だ……！」と

1〜3月 映画作り

モアイコーナーにいた、
大小のモアイが
主人公。

もっと魚が
必要だね
あと何個
くらい?

じゃあ私は

材料を調達し、セッティング。
やってみながら、
背景や登場人物を
作り足していく。

言わんばかりに、子どもたちの目が輝き出しました。

以降、子どもたちはコマ撮りアニメーション作りに没頭。自分たちのお話を「映画」にしようと、グループの仲間で話し合いながら、役割を分担しながら作り進めていきました。

少しずつ物を動かして撮影するのですが、4人のイメージを合わせて物を動かすのも難しい。熱意はあれどもコマ送りの仕組みがピンと来ていない子もいます。ここは担任の援助が必要な部分だと覚悟し、「もうちょっと右に動かしてみようか」などと手助けしながら、5グループのお話を撮影していきました。

撮影の次は、映像に合わせてセリフの収録です。全員がセリフを言う場面を作ったので、最初恥ずかしそうにしていた子もいましたが、仲間の応援に背中を押されていました。

前の椅子を蹴らないように…

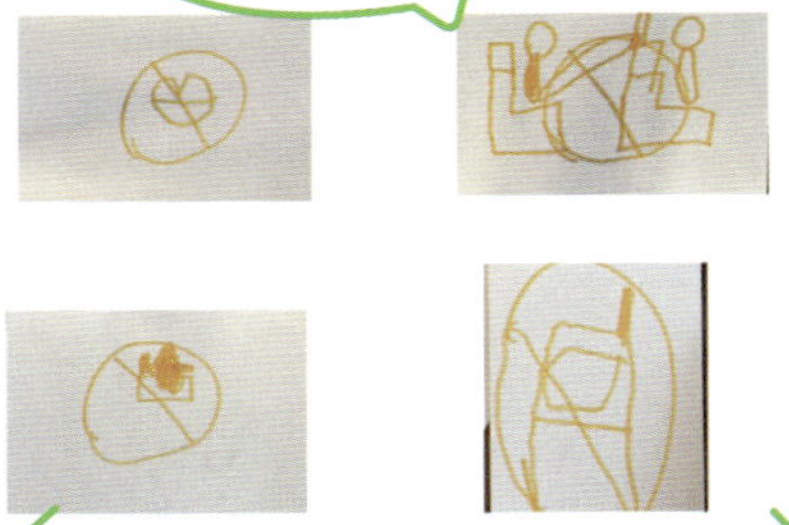

映画が始まる前の注意事項も再現！

「人気がなくて余るものが出ると嫌だから」と考案されたくじ引き式のグッズ。

モアイの誕生日にスイスイが来て…

映画には、これまでの子どもたちの経験が詰まっていた。

完成した映像をみんなでチェックすると、子どもたちはゲラゲラと笑い合い、友達の声が流れると「あ、これ○○ちゃんの声や」と、とてもうれしそうでした。

映画館、オープン！

「これが映画だ！」と思えるものが完成し、だれかに見てほしい子どもたち。まずは先生たちを招待しようと、チケットやポップコーン以外にも、映画館特有の案内表示、昨今流行りの「グッズ」も作成しました。以前の経験に新しい経験が加わり、自分の係が終わっても、「こんなんあったらいいんちゃう？」「何か手伝おうか？」と声をかけ合っています。もはや担任がいなくても、子どもたちが主体的に動き、自分たちの映画館作りが進んでいます。

初上映のお客さんは、園長や預かり保育の先生たち。「映画も、映画館スタッフのおもてなしもすばらしかった！」と褒めたたえてくれました。すると、「もっとたくさんの人に見てほしい」と考え、コーナー活動の時間にほかのクラスへ行き、「映画館に来てください！」と宣伝・誘致する行動が生まれました。そこには、お話する役を押し付け合っていた以前の面影はありません。達成感から自信が生まれ、その気持ちがまた、新しいあそびへ向かう意欲となるのだと強く感じました。

　コマ撮りアニメーション自体は、担任の援助をかなり必要とする作業でしたが、それにより、子どもたちの「なんかやりたいことと違う」モヤモヤが消え、もともと力のある子どもたちが全力を注ぐ活動になりました。一方的な援助にならなかったのは、やはり、子どもたちと密にやり取りをしていたから。子どもたちの実感としては、「自分たちが作った！」映画館だったと思います。

援助も見守りも、子どもとのやり取りがベース。達成感と自信は、葛藤を乗り越える過程から生まれる！

5歳児のジグザグ事例ふりかえり

山本一成

ものの見方が変わっていく経験

5歳児の姿は、「経験の再構成」* という学びの原理から見てみると、よく理解できます。
事例からわかるように、ジグザグ保育は、子どもたちの主体的・対話的な探究を生み出します。そして探究的な学びにとって重要なのは、経験を通してものの見方や自分自身の在り方が変容するということです。

経験の再構成～ものの見方や自分自身の変容～

一つ目の事例では、「歯車」をきっかけに、「ぐるぐる回る」ものへの子どもたちの見方が深まっていく学びが生じました。ポイントは、「歯車」について投げかけた反応があまりよくなかったことで、翌日、先生が「ぐるぐる回るもの」に観点を変えて、再度投げかけてみたところにあります。子どもたちは「歯車」のリアルな経験は少ないですが、「ぐるぐる回るもの」であれば、そのおもしろさをすでにたくさん経験しています。その経験に異なる視点が加わることで好奇心の火が点き、それまで自分が見たり考えたりしなかった、「回るものの経験」となって再構成されていくのです。こうして、最初に「歯車」を発見した子のうれしい経験は、しだいにほかの子どもたちの発見の喜びにつながっていきます。

一つのものからたくさんのあそびが生まれる探究

子どもたちと先生は、会話の時間で盛り上がった「回るもの」を探しに出かけました。自転車や蛇口、風車など、さまざまな「回るもの」を発見した子どもたちの姿を見て、先生は豊かな発想とあそびの引き出しを生かして、あそびのコーナーや全体活動を提案します。「ねじ回しコーナー」「くるくる回る凧作り」「コロコロ実験」といったように、子どもの発見から始まった「回るもの」のテーマは、さまざまなあそびを生み出し、その中で科学的な探究も生じていました。

ここでの「経験の再構成」のプロセスには、ほかの友達の存在とともに、先生が重要な役割を担っていきます。先生の「こんなの、どうかな？」の提案によって、子どもたちは自らの出会いに新たな経験を重ねていきます。木の実幼稚園の園内研修では、石などの一つの素材からたくさんのあそびを考えるというワークもあるそうです。先生方自身が、一つのものに多様な意味や価値を見出す感性と技術を備えていることが、あそびと探究を進める環境を生み出していくのです。

そして、おそらく先生方自身も、子どものあそびの発想から、常に自分の経験を再構成しているはずです。「ネジ」がロボットの目みたいに見えた子どもの発想は、予想を超えた新たなあそびの展開につながりました。子どもも先生も、多様な感性が生かされ、「おもしろそう」が生まれていく保育だからこそ、創造的な探究となっていくのです。

別々のあそびの文脈が結ばれて生まれる探究

このように、ジグザグ保育による探究では、思いがけずつながっていく物語が多く見られます。二つ目の事例では、ヤモリのスイスイの死が、沖縄、モアイへとつながり、さらには同時進行していた「お話作り」の文脈も巻き込んで、最後はモアイの映画上映になるというアクロバティックな展開を見せました。

私たちには想像もつかないような展開なのですが、この保育の物語もまた、一人ひとりの子どもたちの想いに寄り添うことでつながっていった探究である点が重要です。担任の先生は、「映画には、これまでの子どもたちの経験が詰まっていた」と、この実践を振り返っています。子どもたちが夢中になって仲間と共に映画館を作り、「もっとたくさんの人に見てほしい」と工夫したのは、この探究が、スイスイと過ごした時間や、スイスイが空に昇っていくイメージ、仲間と共に想像した沖縄や、偶然出会ったモアイの存在といった、「みんなと過ごした経験」の再構成だったからなのです。

主体的・対話的な探究は、経験に根差したものであるからこそ、「深い学び」となっていきます。それは子どもと先生が日々の出会いから紡いでいく、共探究による学びなのです。

＊ジョン・デューイ　市村尚久訳『経験と教育』講談社、2004年

幼児期に育てたい力とは？

　子どもとの対話から生まれるジグザグ保育を進めていると、「これで小学校に行ってから大丈夫？」という大人たちの不安な声をよく聞きます。答えは「大丈夫」です。むしろ小学校から上の学校では、授業の改善・改革がアクティブ・ラーニングの方向に変化しています。ぜひ長い目で見て、子どもの伸びる力を信じてほしいと考えています。

　先日、年長組のあるクラスで、こんなことがありました。そのクラスでは、あることがきっかけで、「昔のこと」が子どもたちの話題となっていました。たまたま、そのクラスの会話を横で聞いていると、「園長先生、昔の人はトイレどうしていたの？」とある子が質問してきました。私が臨場感たっぷりに昔のトイレ事情から有機肥料（！）のことなど、いろいろ話してみると、その後も話題は次々と広がり、昔の人の生活や町の様子、道具、服装などについて、なんと30分以上も、子どもたちとのやり取りが続きました。その時間の楽しかったこと!! そして、そのときの子どもたちの生き生きした表情は、忘れられません。

　６歳という年齢の子どもたちに、「なんだろう、どうしてかな、おもしろいな」の思いを膨らませ、見たことのない世界を想像する力と、さらに「もっと知りたい」という意欲が確実に育っていることを感じました。これこそが、ジグザク保育の中で育ってきた「学ぶ力」であり、将来につながるものと確信しています。

（今川公平）

第4章

ジグザグ保育をするための環境・会話・計画

ジグザグ保育に必要なことって？

1〜3章で見てきたジグザグ保育を実践するにあたって必要不可欠なものは主に3つ。1つは環境。もう1つは会話。そして計画です。この章ではそれぞれについて解説します。

事例6 スイスイ→→→映画館のトピックウェブ

環境

▶▶ P104

※実際には、どの場面にも環境・会話・計画が作用しているといえますが、
ここでは特にジグザグを後押ししたと思われるものを挙げています。

環境

子どもたちが自由にあそべる環境を作ろう！

子ども主体の活動が進んでいくために大事なのは、子どもがそれぞれ自分のしてみたいあそびを選んで、自分なりに取り組む経験ができることです。

そのための環境作りとともに、時間も保障することが必要です。当園では、日々のプログラムの中に「コーナー活動の時間」を組み込んでいて、クラス全体やグループで活動する時間のほかは、子どもたちは自由に各コーナーであそんでいます。

コーナー活動の環境作りのポイントをいくつかあげます。

●生活の場と活動やあそびの場がしっかり分けられている

生活とあそびの場が空間として整えられ、分かれていないと、コーナー活動にじっくり取り組むことができません。

室内レイアウトの例

5歳児クラス

- 入り口側からさまざまなコーナーが中央を囲むように設置され、奥に生活の場として食事をとったりするテーブルがある。
- 奥にあるピアノは場所固定ではなく、活動に合わせて移動させている。
- コーナー活動を仕切るために棚やロッカーが置かれ、小型の机や移動できる積み木台など、さまざまな場が用意されている。
- 「光」もあそびの要素となりうるので、電球は天井に取り付けられた楕円形のフレームによって、上下左右に移動させることができる。このフレームは、さまざまなものをハンギングしたり、布やスクリーンを吊るして天蓋を作ったり、室内を仕切ったりするのにも使っている。

4歳児クラス

部屋の中央と奥に生活スペースがあり、その他はロッカーや棚、スクリーンで仕切られたあそびのコーナーが設置されている。

4歳児クラス

奥に生活の場があり、手前側に積み木やブロック、ままごと、絵の具あそびなど、さまざまなあそびの場を配置。保育室を大きく生活とあそびの場に分けた例。

●各コーナーには多くの素材やおもちゃ、棚やテーブルがある

さまざまな素材やおもちゃなど、物がなければあそべません。物が十分に置ける場、あれこれ試してあそべる場も必要です。そして、そうした物や場が常に整理整頓されていなければなりません。また、それらが3、4、5歳児それぞれの育ち、子どもたちの興味・関心に応じた内容であることが最低限必要なことです。

●あそび方のヒントやきっかけがある

ただ物を置いて「さぁ、あそんでごらん」と見守っているだけでは不十分。「こんなことやってみたらどう?」「こういうこともできるんじゃない?」と子どもたちにあそび方のヒントを提案したり、あそぶきっかけを作ったりする保育者のかかわりが必要です。

●定期的に作り変えていく

コーナー活動を含めた環境は、子どものその時々の興味・関心や活動に即して、定期的に作り替えていく必要があります。当園での目安は1か月に1回。コーナーの配置、壁面の使用方法、家具の配置は毎月担任がデザインし、工夫します。子どもたちの思いに合わせて柔軟に環境を作り替えるので、1か月未満で変えることもあれば、反対に3か月ほど長期にわたるコーナーもあります。

各コーナーの例

※紹介しているコーナーのすべてが各クラスにあるわけではなく、また絵本コーナーなど割愛しているものもあります。

積み木コーナー

コーナーの定番。種類や素材で展開いろいろ。

5歳児クラス

何種類もの積み木が用意されていて、それらを組み合わせて街のようなものを作ってあそんでいる。あそぶ人数に合わせて台の広さは調整。

4歳児クラス

2種類ほどの積み木と移動できる台を使って高低差のある道を作り、球を転がしてあそんでいる。

4歳児クラス

取り出しやすくあそびやすい棚と台の配置。ビー玉などの異素材も持ちこんであそんでいる。

園でコーナー作りに重宝している棚＆テーブル３選！

台になる収納棚

並べ替えたり積み替えたりすることで、収納・椅子・机としての機能をもたせられるようデザインしたもの。コーナーの内容に合わせて使い分けている。

キャスター付きの台

積み木やパズル用にオーダーしたもの。右ページ左下のように使うと、あそびに高さと広がりが出る。移動も簡単に行えるため子どもでも扱いやすく、また作りかけのものの保管もしやすい。

プレイテーブル

水、砂、土、積み木やフィギュアなどを使って、さまざまなあそびができる超便利ツール。オーストラリアから取り寄せたもの。

パズル・ブロック・机上あそびのコーナー

多種多様な教材から、いまの子どもたちに合うものをチョイス。

3歳児クラス

紙のジグソーパズルのコーナー。完成図をコピーして壁に掲示しているクラスもある。

3歳児クラス

3歳児用に絵本から作ったオリジナルパズル。自由に組み合わせて顔の表情を作ってあそぶ。

5歳児クラス

ブロックコーナー。棚や壁を使って、集中できるように配置したり、数人であそべるように広いスペースにしたり。

4歳児クラス

コルクの釘打ちができる玩具。横に長くスペースを取り、安全に取り組めるような環境にしている。

4歳児クラス

棒でいろいろな形を作ってあそぶ玩具。作品の写真を飾っていたり、鏡を置いて対称性に気づけるようにしたり、あそびが深まる工夫をしている。

5歳児クラス

ピンの玩具、小さなパーツのブロック、ひも通し、立体パズルなど、教材は定期的に入れ替えている。子どもたちが選んであそべるよう、棚の近くに机を配置している。

造形あそびのコーナー

子どもたちの「いま表現したい」「いま作りたい」を叶える場所。

3歳児クラス

透明水彩を使って塗るあそびができるようにコーナーを設置した。ドーナツ型の画用紙があそび心を誘発する。

3歳児クラス

ロッカーと机を組み合わせて、落ち着いてあそべる場になるよう工夫した。

5歳児クラス

素材や道具は使いやすいように整理、分類されて、移動ワゴンに収納されている。

4歳児クラス

ワゴンの隣、奥の壁に向いた机には、お絵描きや塗り絵をする子、手前のテーブルには廃材工作をする子たちがいる。

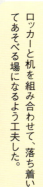

造形コーナーでは、年齢や時期に合わせて、素材・画材が用意されているばかりではなく、プロジェクトのテーマに合わせて内容を調整、変更している。

5歳児クラス

活動が盛んなときには、人数が増えてもいいように広くスペースを確保。

5歳児クラス

紋様がテーマになっていたとき。円形の紙を用意し、ペンで線を描き、水彩絵の具で着色できるようにした。

4歳児クラス

紙から形を切り抜くことに興味をもっているので、型抜きパンチをコーナーに用意した。

ごっこあそびのコーナー

ままごとのほか、テーマに関連したごっこのコーナーも。

あそぶ素材は、そのものらしい形をした具象物（上）と、フェルトやスポンジ片や木片など、なんにでも見立てられる抽象物（下）、それぞれを意識して用意するようにしている。

3歳児クラス

ままごとコーナー。棚などで仕切り、布を用いて雰囲気を工夫。

5歳児クラス

キャンプごっこコーナー。学年みんなで参加するデイキャンプの日が近づき、たき火を使ってバーベキューがしてみたいとの思いから、自分たちでたき火の場所を作ってあそんだもの。

自然観察のコーナー

虫や草花への興味は普遍！
テーマにもなりやすい。

4歳児クラス

飼育中の虫や育てた野菜、子どもが見つけた草花、関連する絵本や写真などが置かれている。

5歳児クラス

ルーペを1つ置いておくだけでも、新たな発見につながる。

5歳児クラス

植物の種に対する興味から、色々な種類の種を育ててみようということになった。生長の様子を観察するコーナー。

プロジェクトの活動に沿ったコーナー

もともとあるコーナーがプロジェクト色に染まることもあれば、新たなコーナーが誕生することもある。

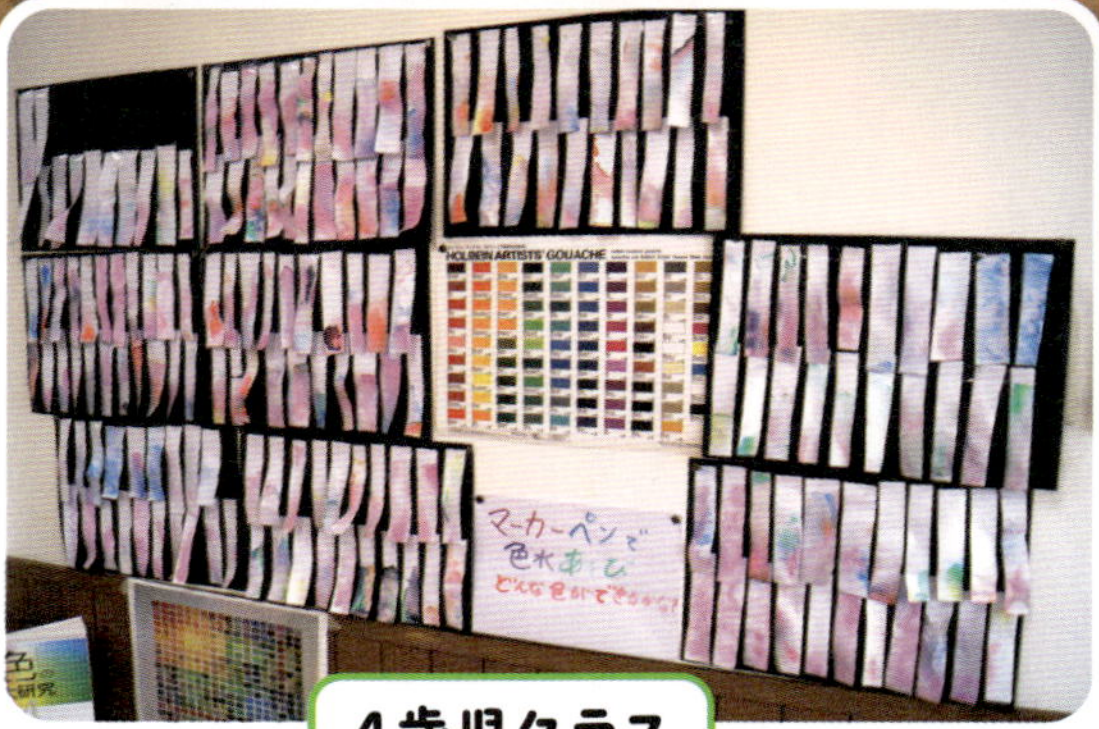

4歳児クラス

色水あそびのコーナー。クラス全体で行った色水あそびの痕跡が掲示されており、またあそびたい、やってみたい気持ちを呼び起こす。

5歳児クラス

乗り物や道路への興味が出てきた時期のブロックコーナー。道路に見立てられるマスキングテープを用意。

5歳児クラス

石や化石について興味をもっていた時期のコーナー。プレイテーブルを発掘現場に見立てて、化石の写真や標本を展示。

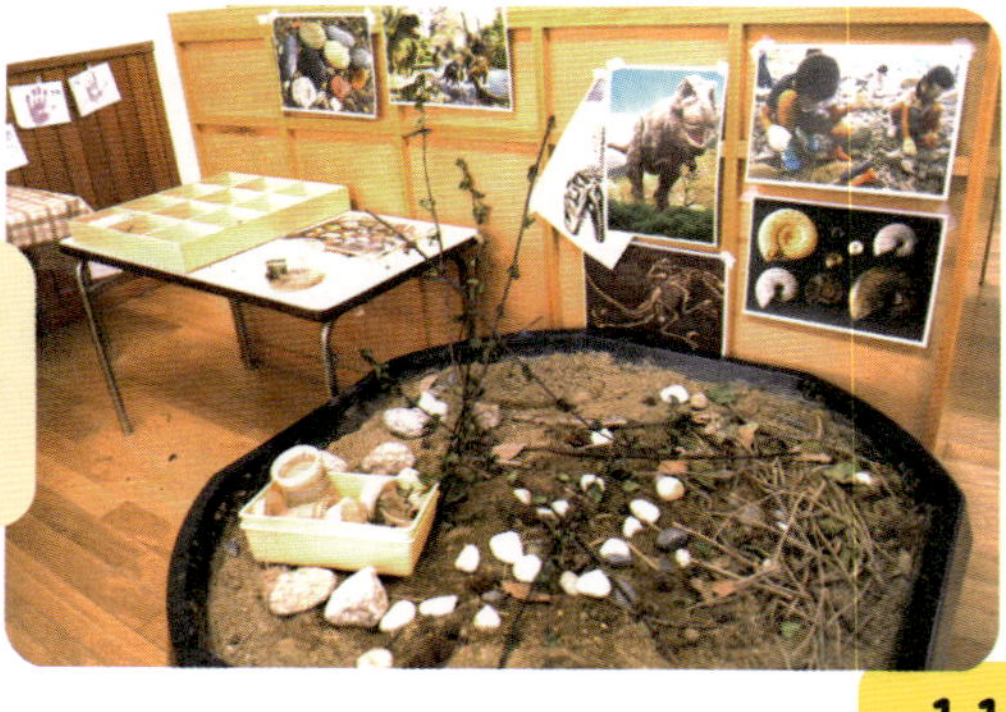

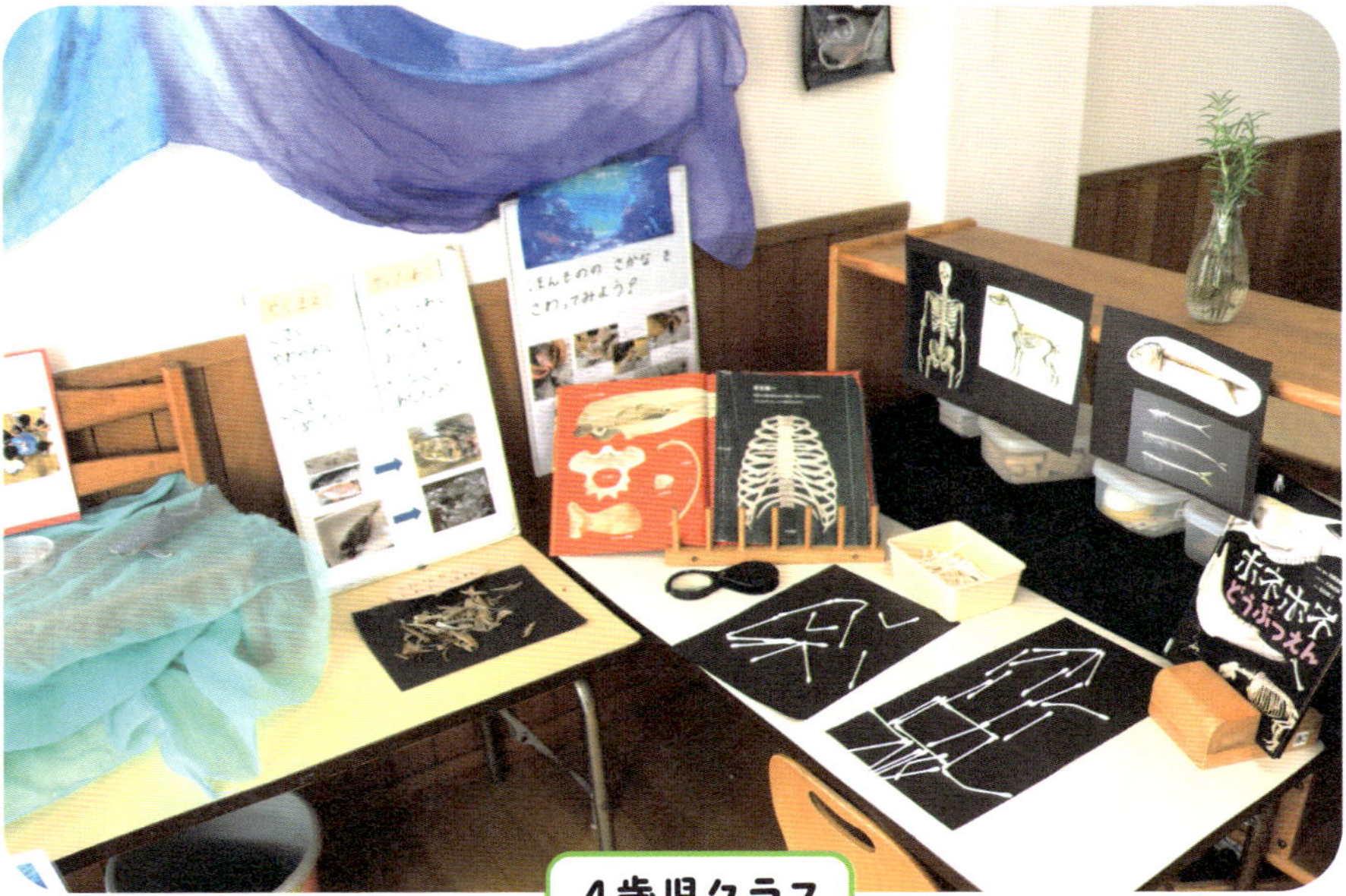

4歳児クラス

魚への興味から実際に魚を焼いてみて、そこからテーマが骨に移っていった時期のコーナー。綿棒を骨に見立てたあそびも。

5歳児クラス

いろいろなプロジェクトが並行して行われ、活動の広がりも大きい5歳児クラスでは、いま動いているプロジェクトが俯瞰できるようなコーナーを作ることも。これまでかかわっていなかったプロジェクトに興味をもつきっかけにもなる。

5歳児クラス

富士山、火山、日本地図……と興味が広がっていった時期の掲示。貼ってある付箋は、子どもたちの会話の記録。

プロジェクトのジグザグに呼応して、コーナーの中身もどんどん変化していく。

5歳児クラス

テーマは世界の国々。地球儀や地図絵本のほか、興味をもって調べたアフリカについてわかったことが掲示されている。

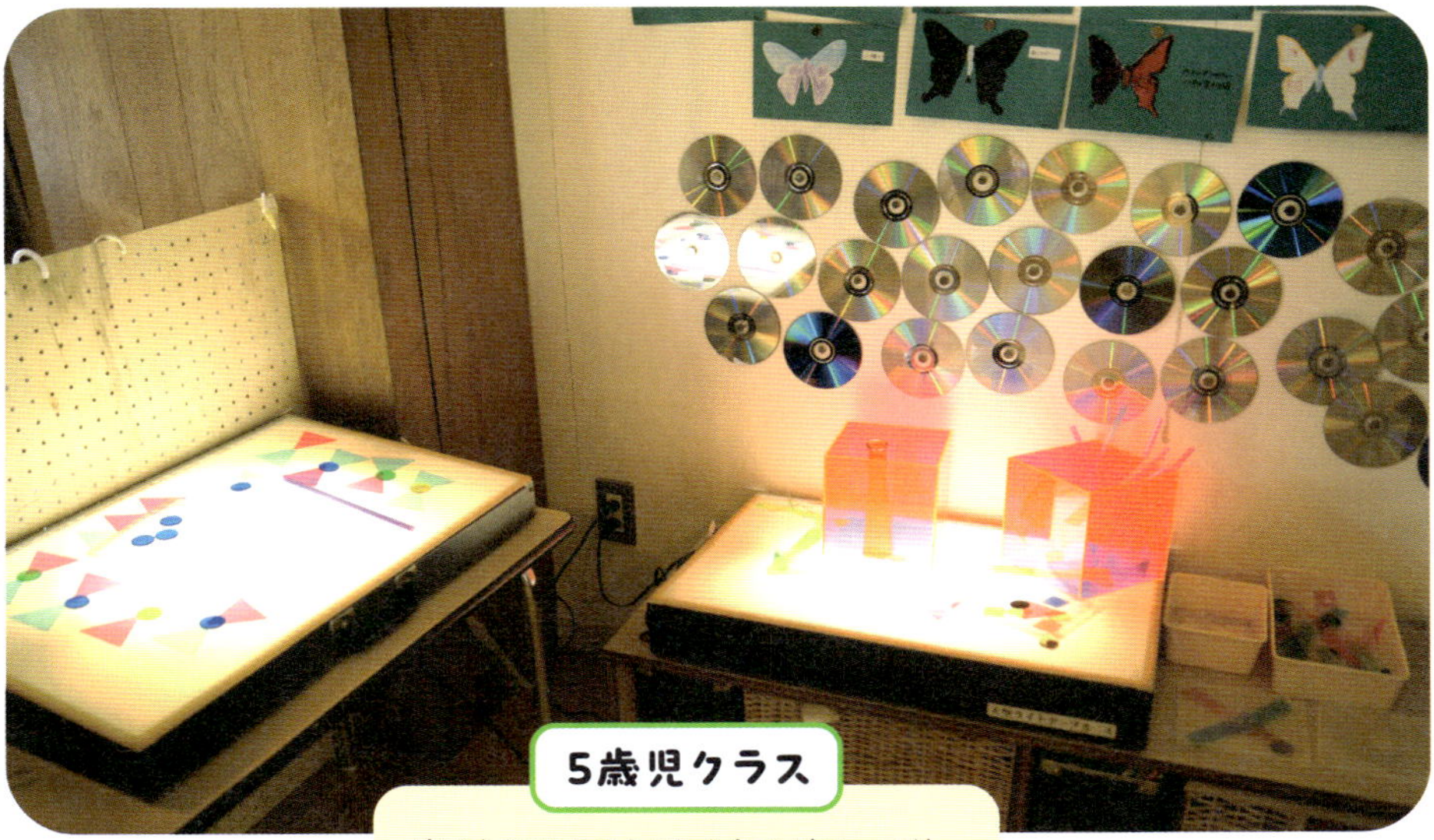

5歳児クラス

光るものやキラキラしたものがテーマだった時期のコーナー。

5歳児クラス

「マーク」への興味が、町の中にあるマークや看板へと広がっている時期。見つけたマークを描いたり、積み木で作る街に看板標識を付けたりしてあそんでいる。

コーナーは保育室の外にも

子どもたちがあそぶ場所は、どこでもコーナーになりうる。

廊下・デッキ

日陰にテーブルを置き、絵本を見るコーナー、ひも通しあそびができるコーナーが設置されている。

階段の踊り場

2階にある4歳児クラスの隣にできた、温泉ごっこのあそびコーナー。保育室の「外側」に、「露天風呂」のイメージが生まれるベースがあった。

園庭

5歳児が自分たちで作った、サーキットあそびができる場。

園庭

自然物あそびスペース。ゆるやかな仕切りとして、葉っぱを付けたテープを用いた。屋外は体を動かす場所というイメージがあるかもしれないが、こうした落ち着いてあそぶコーナーもあってよい。

ミニアトリエ

5歳児の2クラスの間にある小部屋。積み木や虫の飼育など、共通して楽しめるコーナーにして、交流の場となることが多い。夏休み前後に学年全体でキャンプごっこが共通のあそびとなっていたときには、たき火コーナーができた。

日々の会話を大事にしよう

会話

プロセスを大事にするプロジェクト型保育において、環境作りとともに最重要視しているのが「会話」です。

日々のカリキュラムの中に、「会話の時間」を設けています。基本は朝の会の中で行い、全体で話し合いたいことを投げかける以外にも、子どもが自由に発表したり、コーナー活動でのあそびの様子を共有したりする場となっています。

●子どもたちと対話しながら進めていくために

子どもたちの興味を捉えて進めるプロジェクト型保育において、「会話の時間」は、子どもたちの興味の方向や深さを知るための大事な時間です。

新年度の頃は、担任が「○○ちゃんがこんなおもしろ

日々のデイリー・プログラム

- ●登園
- ●コーナー活動

自分がやりたいことを、やりたい場所で、自分なりに取り組む経験ができるあそび。

- ●外あそび
- ●朝の会（歌・挨拶・出欠・会話）
- ●全体活動

クラス全体で取り組む活動。グループ活動も含む。

- ●給食、コーナー活動
- ●降園

降園準備の集まりの際に、会話の時間を作ることもある。

何をして
あそんだら
いいかな？

…という
意見が出たよね

子どもたちから出てきた話や考えたことを、保育者がボードに書き留める。文字だけでなく、写真を使ったりイラストを描いたり、絵本や図鑑を持ってくることもある。

毎日いろいろな話をし、子どもたち自身もわからなくなることがあるので、コーナーの横に会話の記録を掲示しておくこともある。

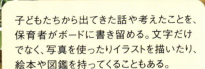

このクラスでは、「しょうかいたいむ」として、家で調べたことや、みんなに聞いてほしいことを、毎週4〜5人ずつ発表する時間を作っている。

いことをしていたよ」と紹介したり、子ども自身に発表してもらったり、それぞれの興味・関心の共有の場として機能します。

子どもたちの興味につながりが出て、「テーマ」が見えてきたときにも、担任の思いだけで進めていくことがないように、「クラスの中のどのくらいの子どもたちが興味をもっているのか、興味をもちそうか」ということの把握が大事です。会話の時間に投げかけたときの子どもたちの反応から「いまの子どもたちの興味・関心」を推し量るだけでなく、発言しない子どもの姿にも目を向けながら、担任は活動内容を考えていきます。

会話の時間は、話し合いの場でもあり、子どもの思いを受け止めてそれにこたえていく、対話の時間でもあるのです。

●プロセスの中で子どもが育つ

事例6 ヤモリのスイスイ死亡後の会話の時間の記録より抜粋

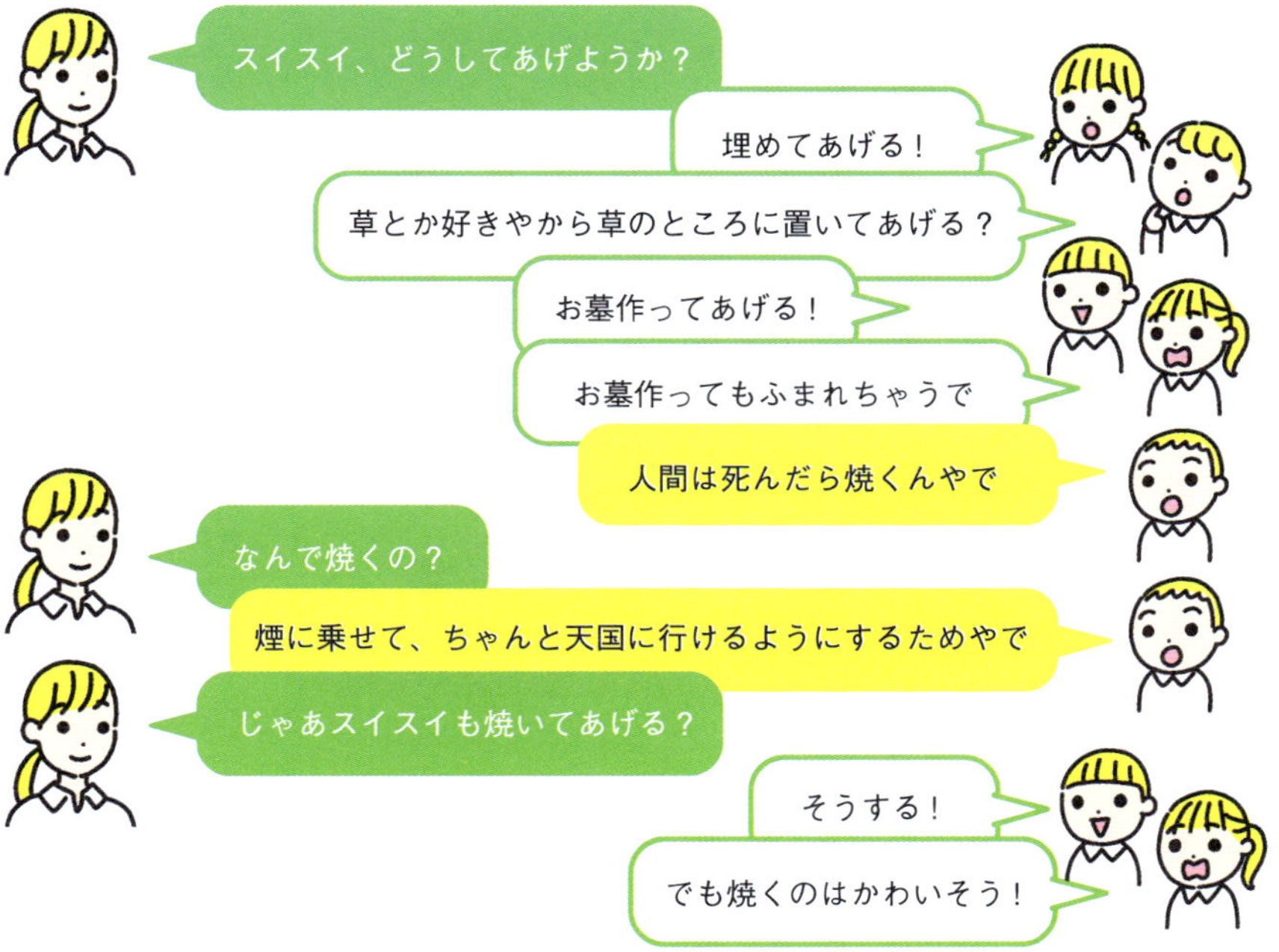

会話の時間で期待している育ちのプロセスは、次のようなものです。

自分の興味、知っていること、理解していること、思いを伝える

←

周りの人の意見や考えを聞く

←

思いを伝え合う、一緒に考える、人の思いを受け止める

←

思いや考えが変化し、深化する、何かの課題の解決を見つける

このプロセスの中で、子どもたちは、新しい知識や考えを取り込み、自分なりの思いや考えを人に伝える

事例5 コラージュあそび中の記録より抜粋

力、自分の感情や思いを調整する力を自然と身につけていきます。

●対話からジグザグが生まれる

「会話の時間」には、子どもたちからの予想外の発言・意外な考えや意見が出てくることが日常茶飯事です。大人顔負けの討論が繰り広げられることもあります。そこがおもしろく、保育者の子ども理解が深まり、新しい活動やあそびが芽生えてくるきっかけとなり、予想外の展開が始まるワクワクするようなプロジェクト活動のベースになります。

また、「会話の時間」に限らず、子どもと保育者、子ども同士の日常の会話でも、先ほどのプロセスはもちろんあり、その中で出てくる気づきや発見、予想外のおもしろいアイディアが、ジグザグを生むきっかけにもなっていきます。

保育者は、子どもたちの考えをポジティブに認める存在なので、各クラスから「それいいやん！」「大発見やな」「やってみよ！」といった声が聞こえてくると、いい雰囲気で保育が進んでいるなと感じます。

●「会話」にこそ、保育の質が表れる

プロジェクト型保育を始める以前は、子どもたちが「あれがしたい、これをしたい」という思いを出す場や、自分の思いを聞いてもらう場というのは、意識して設定することはありませんでした。

プロジェクト型保育を始めて、「会話」の時間を毎日大事にするようになってから、やりたいことがお互い出てきて、それをどうやってやろうかというような、子ども同士の真剣な議論が生まれました。特に5歳児クラスでは、本当に真剣に話し合っています。

「さあ、話してごらん」と保育者が押しつけるわけではありません。自分たちの思いが入っているから、自分たちにとって大事なことを話し合っているから、そこに真剣さが出てくるのです。

プロジェクト型保育を始めて20年。思いがしっかり入った話し合いができるようになったというのが、一つの大きな変化だと思います。「主体的・対話的で深い学び」とは、こういうことなのではと感じています。

計画

ゆるやかに、柔軟に、子どもたちの学びをつなげよう

子どもたちの思いを中心に保育が展開していくジグザグ保育ですが、無計画に保育をするわけではありません。計画を立てる上で大切に考えていることには、次のようなものがあります。

●個人の活動とクラス全体の活動のつながりを大事にする

保育においては、大別すると、子ども一人ひとりがじっくり好きな活動に取り組めるコーナー活動を主とした個々の活動と、クラス全員で、あるいはグループで取り組ませたい活動があると思います。そのどちらにも一定のよさとねらいがあり、どの園でも、自由あそび、主活動、クラス活動、一斉保育、など呼び方や日々のプログラムの在り方は違っても、個人とクラス全体の活動、それぞれの意味と効果を考慮していると思います。

当園でも、計画を立てる際に両方を意識し、週月案には「コーナー活動」と「全体活動」の両方について書いていています。

1 月 【指導計画】 光 組 担任名 印

子どもの姿	ねらい	幼児が新しく経験する内容
・ルールのある遊びの中でケンカになっても自分たちで話し合い、解決しようとする姿がある。 ・物事を集中して遊び込む姿がある。 ・難しいこと、出来ないことに積極的に挑戦しようとする姿が増えてきた。	◎保育者や仲間と、情報を交換しながら、素材やものを応用して生活や遊びに必要なものを工夫して作ることを楽しむ。 ◎会話などで知ったことについて、より深く探求し、友達と考えたり、試したりしながら、学ぼうとする。	・遠足に行き、世界や日本の文化について知る。 ・新しい鬼ごっこ（じゃんけん鬼ごっこ）をし、勝つための作戦を考えたりして遊ぶことを楽しむ。 ・ようかいの顔や身体、住んでいる世界を想像して絵の具で描いてみる。 ・（遠足で見た様々なお面の表情から）目・口・眉に着目しながら石に表情を描くことを楽しむ。 ・ボールを友達と投げ合ったり、ドリブルをしたりボールを使ったゲームをして遊ぶ。 ・紙（折り紙・コピー用紙）を折ったり、切ったりし、オリジナルの空飛ぶものを作る。 ・自分たちで作った味噌を食べてみる。

予想される幼児の活動

☆＝環境作りのポイント
◇＝保育者の援助

1～2週

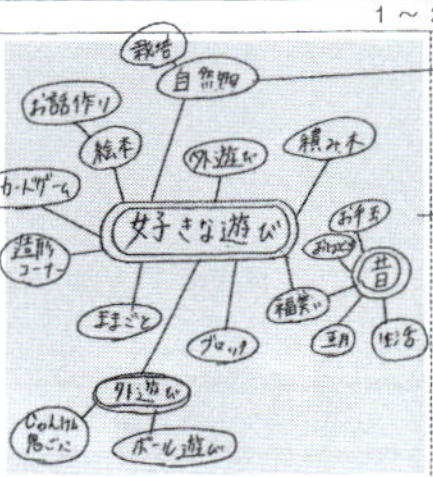

冬休み（～1/8）

始業式に参加しよう
（ホールで園長先生の話を聞く。）
◇クラスでも、三学期に期待を持てるように伝える。

虫が来てくれる葉を育ててみよう
（・プレイテーブルに土を入れ、蝶の植物の種を植える。→水やり）
◇大切に育てられるよう約束を子ども達と考える。

作ったお味噌を食べよう！
（・6月にみんなで作ったお味噌を、クラスで決めた食べ方で食べてみる。）
◇五感を感じながら味わえるよう声をかける。（└ただ食べるだけではなく。）

空へ行く階段を作ろう グループワーク
（ダンボールを重ね、ボンドで貼る。・上に重ねていき、階段作りを楽しむ。）
◇グループワークなので、必要以外は子ども達だけで考え、作っていけるようにする。

（世界の色んなお面や布に注目して見に行く）
遠足に行こう
（・民族学博物館に行き、スケッチをしたり見学をし、見たものや感じたことを伝え合う。）
◇館内でのルールをしっかり守るよう声をかける。
◇子どもの興味関心を持ったもので保育に活かす。

じゃんけん鬼ごっこ ①
（勝つための方法、作戦を友達と考え、じゃんけん鬼ごっこを楽しむ。）
◇遊びの中で、困ったことや疑問に思ったことを聞く時間を設ける。

3～4週

プレイタイム
◇子ども達とメアリー先生の会話で必要なかぎり助言する。

（自然史博物館）（世界）（地球）（宇宙）

こんな虫がいたらいいなぁ…
（・色々な廃材（モール、ゴム、キャップ等）を自由に選び虫を作って遊ぶ。）
◇その虫の特徴を子ども達から聞く。
◇作った虫で見立てて遊べる時間を設ける。

自分だけの空飛ぶものを作ろう
（・折り紙・コピー用紙を折ったり切ったり曲げたりし、オリジナルの空飛ぶものを作る。）
◇まずは、折り紙の特徴や折り方のポイントを丁寧に伝える。（折り紙→紙飛行機、鶴など）

表情って面白い
（・石や自然物を組み合わせ、顔のパーツに見立て、表情を作って遊ぶ。）
☆様々な形・色・大きさの自然物を用意し、子ども達がイメージしやすいようにする。

じゃんけん鬼ごっこ ②
（・展開バージョンでより深くルールを理解し、チームで協力して遊びを楽しむ。）
◇子どもたちとやりとりしながら遊びを展開していく。

防災訓練
◇訓練ではあるが、本番の時と同様に行う。
◇"おはしも"を子ども達と一緒に確認する。

小学校ってどんな所？
（・小学校の校舎の写真を見たり、1日のスケジュールを知ったりする。→小学校ごっこ）
◇小学校への期待を持てるように伝える。
☆写真を準備し、よりわかりやすいようにする。

（河童）（日本）（世界）（池）（虫）

ようかいって…？（大描画）
（・ようかいの世界・姿をイメージし、絵の具で描くことを楽しむ。）
◇画用紙の形や色等、子ども達がイメージしたものを準備する。

世界の布の模様を描いてみよう
（・民族学博物館で見た世界（アジア）の布の模様のように、模様を描いて遊ぶ。）

ボールを使って遊ぼう
（・ボールを高く上げてキャッチしたり、友達と投げ合ったり、ドリブルをしたりして遊ぶ。・ボールを使ったゲームを楽しむ。）
◇外遊びの時にもボールを出し、普段からボールに触れられるようにする。

□＝選択活動　□＝全体活動　□＝共通するテーマ　（　）＝具体的活動例

1 月 【保育資料】 光 組

保育室環境構成 ～今月の更新のポイントと保育者の願い～
（関わらせたい遊びの素材・壁面・展示の内容やコーナーの計画）

造形展に向けて部屋を作り始めるが、生活・遊びのスペースはしっかりと確保する。

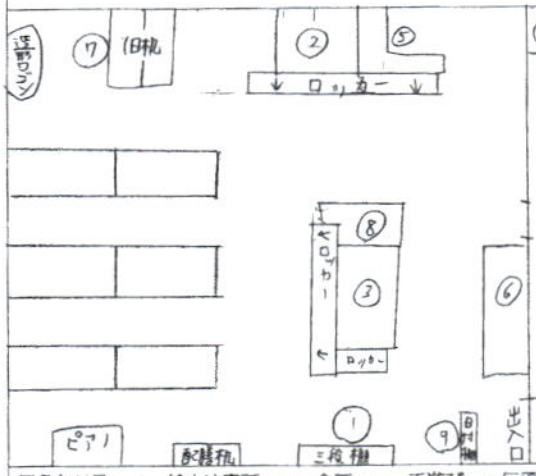

① カードゲーム
② 絵本
③ 積み木
④ ままごと
⑤ ブロック
⑥ 世界・日本
⑦ 造形
⑧ 福笑い（表情作り）
⑨ 自然栽培

伝えたい歌 ・ 絵本や素話 ・ 会話 ・ 手遊び ・伝承遊び ・集団遊び 等
（絵本についてはねらいを記入）

〈歌〉
・冬の夜のお話
・風も雪も友達だ
・まめまき

〈会話〉
・表情について
・ようかいについて
・味噌について

〈手遊び〉
・あるぷすー万尺
・お正月のおもちつき

〈集団遊び〉
・じゃんけんおにごっこ

〈絵本〉
・ごめんねともだち … けんかをして互いの気持ちに気付き、心の成長にもつながるように。
・どうしてそんな顔？虫 … "虫"で今までに活動をしていたり、表情のこともやっていたりするので、より深く興味や関心を持ってもらえるように。
・なぞなぞのみせ … 言葉の面白さを楽しんでもらう為。

◉5歳児　1月の週月案（1枚目）

左上にコーナー活動を、週ごとに全体活動を記入。全体活動の内容は、子どもたちの好きなあそび（コーナー活動）や、2週目の遠足経験、2月にある小学校訪問とも、ひもづいている。造形活動については、使う素材や、主に経験してほしいポイントなども書き入れている。

◉週月案（2枚目）

コーナー活動のレイアウト図を記入。室内環境は随時変更しているが、週月案を作成するタイミングでじっくりと整理して考える。また、コーナー活動や全体活動を考えながら、会話の時間の話題についても考え、記入している。

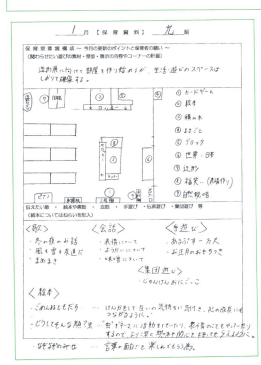

全体活動は、みんなで同じ経験ができる、保育者が伝えたいあそびを伝えられるというメリットはありますが、あまりガチガチに最初から最後まで保育者主導とならないように、できるだけ子どもの自由な思い、あそびが展開できるよう、子どもたちとのやり取りや話し合いを大切にします。

保育者は、みんな一緒に取り組めるよう提案はしますが、子どもそれぞれの思いや気づき、工夫、表現が大切にされるように、みんな同じ進め方、同じ結果になるような誘導や強制をしないことを職員間で共有しています。

子どもが興味をもったことをまずはコーナー活動のあそびとして設定し、それが盛んになればクラス全体で共通して経験できるように考えたり、あるいはグループ活動やクラス全体で経験したことを、さらにじっくり取り組んでほしいと考えた場合は、その流れで新しいコーナー活動を設定したりするわけです。

個人の活動も全体の活動も、さらにいえば行事も、子どもの興味・関心をベース、出発点に考えることで、ある程度の活動の軸、「テーマ」が出てきます。そこを保育者が意識していろいろな活動やあそびをつなげていきながらも、常に子どもとのやり取り、話し合いをしっかり入れ込むと、自然と子どもたちの興味・関心の幅に応じたジグザグとした活動が生まれていくのです。それはけっしてバラバラの経験ではなく、子どもの中でちゃんと以前の経験が生かされ、経験がつながり、学びが深まっていくのです。

4歳児クラス

子どもたちが、園庭の人工芝エリアで、大小の石を並べて、身の回りのものや人の体などの「型取りあそび」をした。クラス全員で取り組んだ活動ではあるが、グループや個々で自由に形を作るあそびが楽しめるように場や物を用意した。

全体活動の例

造形活動

ダイナミックな活動、新たな素材との出会いの場。

5歳児クラス

木や植物への関心からイメージと思いが膨らみ、地面からどんどん伸びていく植物を土粘土で作ってあそんだ。天井から吊るした麻紐に土粘土をひっつけ、グループで話し合いながら、だんだんと形が生まれていった。

身体表現や運動

みんなとやるから味わえる経験を。その中でも「主体性」は意識する。

音楽に合わせて遊戯室で身体表現をしているところ。みんなでやるからこそ楽しい活動の一つ。その中でも、子どもたちと「次はどんなふうにしてみたい？　何になりたい？」といった話し合いを入れて、やわらかく進めるように意識している。

鬼ごっこをゲーム化した運動あそび。これも、みんなと競い合う楽しさなどは、一定のルールや約束で、クラス全体で経験してこそ楽しい活動。しかしこれも、子ども同士が話し合い、子どもたちからの提案や意見も取り入れてあそびが進められるようにしている。

●クラス単位で考える

各学年5クラスほどあり、学年共通で子どもたちに経験させたいことは担任同士で共有しながら、クラスごとに独立した内容、テーマでプロジェクト型保育を行っています。それぞれのクラスの子どもたちの興味・関心や気づきに基づいて保育が展開していくので、自然と保育の内容は異なっていきます。

例えばある年の5歳児3クラスの年度後半で比べてみると、あるクラスは「映画館ごっこ」に夢中になり、あるクラスは「音探しあそび」に熱中し、あるクラスは「太陽の塔作り」に一丸となって取り組んでいました。また、自然と興味や関心が近くなり、何クラスかで似たようなテーマを追う年もあります。それであっても、担任の得意分野や個性も合わさって、それぞれ個性豊かな活動になるのが、プロジェクト型保育のおもしろいところです。

学年共通で経験したいことの例としては、運動会や遠足などの行事にかかわるものや、道具の扱いなどの知識・技術の習得にかかわるものがあげられます。

●あそび研究をしながら考える

週月案の作成は、あそびや活動を予想して工夫していくということ。それは「あそびの研究」であり、小学校以上でいう「教材研究」と同じぐらい大切なことです。あそびのコンテンツが貧しくては何にもなりません。

当園では、毎月各クラス担任と園長が、カリキュラムを真ん中に置いてじっくりと具体的な活動内容について検討することを原則としています。その際、トピック（日常の子どもの興味・関心を整理し、子どもたちと話し合ってきた話題）やテーマ（トピックがいくつか集まってでてきたもの）に関連したあそび・活動を、主に次の3つの観点から考えるようにしています。

①子どもが夢中になれるシンプルな「行為」を

例えば、何かを「見つける」、見つけたものを「集める」、集めたものを「分ける」、仲間分けしたものを「並べる・つなぐ・積む・運ぶ」ことがあそびになります。また「何かに見立てる」ことが「ごっこあそび」になるなど、あそびの基本は、シンプルな行為の連続です。この「行為」という視点からトピックやテーマに関連するあそびを考えると、広がりが生まれてきます。

②リアルな経験と、ファンタジーであそぶ経験を

子どもが直接「もの」や「こと」にかかわり、確かめ、気づき、驚き、いろいろ試してあそぶ経験と、「もの」や「こと」から何かを見立てて空想を広げる経験、さらにそれが絵本や何かの物語と連動して、どんどん空想の世界を広げてあそぶという経験、その両方がきちんと取り入れられているかも大切な観点です。幼児期の子どものあそびや活動は、このリアルとファンタジーの世界を自由に行き来できることに本質があり、楽しさとおもしろさの原点といえます。

③「探究」～試してあそぶ～という経験を

あそびの本質は、結果や成果を求めるのでなく、「試してみること」です。「なんだろう」「おもしろそうだ」「やってみよう」から「試してみよう」が続いていきます。そして「あっ、そうか」「今度はこうしてみよう」ということが生まれます。この一連のプロセスが「探究」で、あそびになくてはならない要素です。

あそびと経験を想定したら、次はそれに見合った保育室内外の環境をどう作り、更新していくかが大切です。自然現象や生き物との出会い、新たな素材、道具、場、トピックやテーマに関係する絵本や図鑑、写真、動画、模型や標本などに接することで、子どもの思いや想像に次の展開が生まれ、あそびは発展していきます。

新しいあそびを行うときは、何か新しい「もの・こと」に出会えるような工夫が必要です。年齢や発達を考慮し、どのようなことが新しくてワクワクする出会いとなるのか、そしてその経験を補強する魅力的な教材も積極的に検討したいものです。

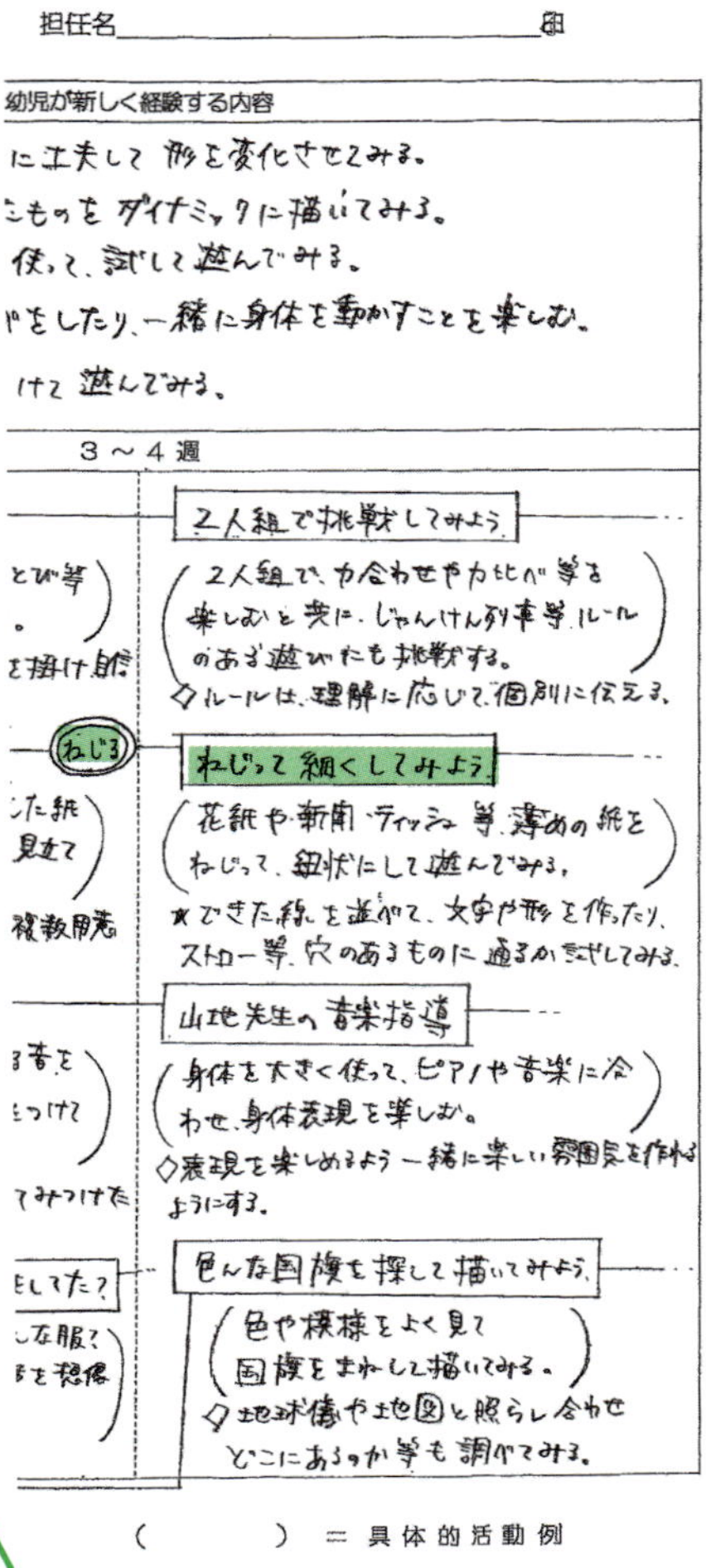
担任名＿＿＿＿＿＿＿＿＿＿＿＿＿印

幼児が新しく経験する内容

に工夫して形を変化させてみる。
たものをダイナミックに描いてみる。
使って、試して遊んでみる。
ごをしたり、一緒に身体を動かすことを楽しむ。
けて遊んでみる。

3～4週

とび等
。
を掛け自信

2人組で挑戦してみよう
（2人組で、力合わせや力比べ等を楽しむと共に、じゃんけん列車等ルールのある遊びにも挑戦する。）
◇ルールは、理解に応じて個別に伝える。

ねじる

した紙
見立て
複数用意

ねじって細くしてみよう
（花紙や新聞・ティッシュ等、薄めの紙をねじって、紐状にして遊んでみる。）
★できた線を並べて、文字や形を作ったり、ストロー等、穴のあるものに通るか試してみる。

る音を
とつけて
てみつけた

山地先生の音楽指導
（身体を大きく使って、ピアノや音楽に合わせ、身体表現を楽しむ。）
◇表現を楽しめるよう一緒に楽しい雰囲気を作れるようにする。

としてた？
した服で
ちを想像

色んな国旗を探して描いてみよう
（色や模様をよく見て国旗をまねして描いてみる。）
◇地球儀や地図と照らし合わせどこにあるのか等も調べてみる。

（　　）＝具体的活動例

●計画は一種のフレームと捉え、柔軟に変えていく

計画を立てるときには、それまでの日々の会話や、子どもの興味・関心をよく観察した中から、次にどのようなあそびや活動が生まれてくるかを予測します。そして、あそびや活動の内容が充実するためにはどのような場や環境を設定すればよいかも想定して計画を立てていきます。

しかし、計画にとらわれて、立てた予定の通りに活動を消化していくという進め方は好ましくないと考えています。実際の保育の中で、その通りにならないことが起こっても、あくまで子どもたちの目線で柔軟に変更できるようにしたいという思いを、常に教職員で共有しています。

実際には、ここで「顔作り」あそびが始まり、全体活動として「顔作り」や「ロボット作り」をすることにした。

太陽の塔から「顔」に興味が向くことは想定していた。

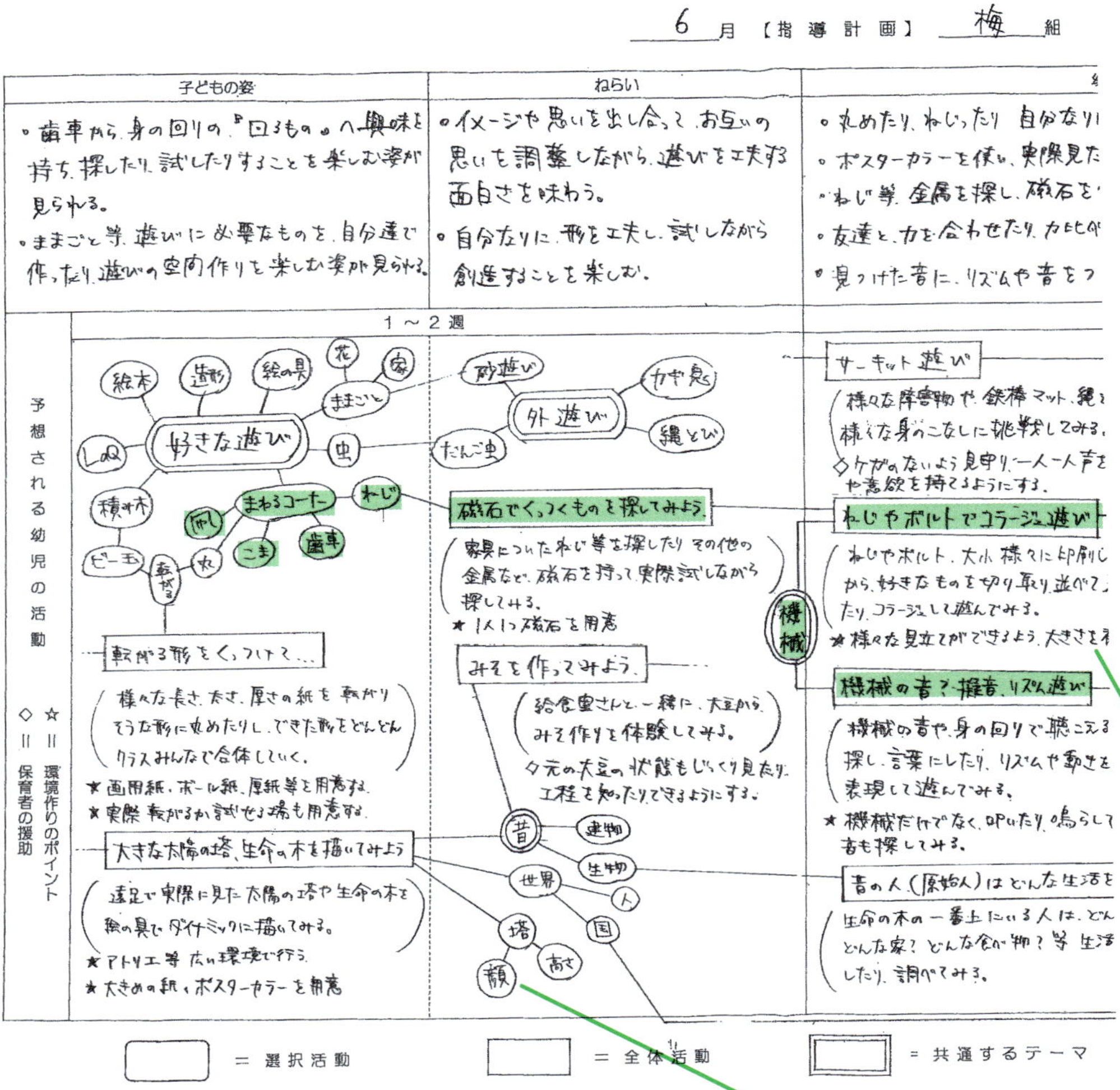

◉5歳児　6月の週月案（事例5）

「回るもの」「転がるもの」への気づきから、保育がどう展開していくとおもしろいかを予想したものをベースとしている。一つの関心からだけではなく、遠足で接した「太陽の塔」への興味から関心が広がることも想定して、色々なトピックを設定している。子どもたちが複数の興味をもつことにどうこたえるかに腐心している。

研究者の視点！

アートで膨らむ子どもの世界

佐川早季子

木の実幼稚園では、子ども一人ひとりがものやことと出会ったときの「発見（！）」や「疑問（？）」を、そのままで終わらせず、描いたり作ったりデザインしたり音にしたり、体で表したりするアート活動に結びつけています。

ここでは、アートというものを、「自分のイメージや思いを何かに乗せて表すこと」、「素材や道具とかかわりながら手と頭を使って新しいことを試すこと」、「自分の美的感受性を使って、より素敵なもの、よりかっこいいもの、よりよいものをつくろうとすること」だと言ってみたいと思います。

木の実幼稚園のアートは、表現を、造形表現、音楽表現、言語表現、身体表現のようにジャンルで分けて、よい作品を残すためにやっているわけではありません。アートを通して、子どもたちは手を動かし、「目に見える」現実世界と、子どもの思考や想像、感情といった「目に見えない」心理世界を結びつけています。木の実幼稚園では、その過程で子どもたちに育まれるものを大切にしています。

アートで「見えないもの」が見えてくる！ 動き出す！

3歳児の実践では、園庭に転がっていた石が「恐竜の卵」に見えたという子どものつぶやきで、石が「たまごちゃん」と呼ばれるようになり、たまごちゃんを「そっとせなあかん」「このままここにおいたら寒いかも」と言って、ベッドを作る活動になりました。たまごちゃんに思いを寄せている子どもたちは、たまごちゃんのために、最高のベッドを作ろうとしています。その後も、たまごから何かが生まれてくるんじゃないかとワクワクしている子どもたちの思いを先生が感じ取って、「何が生まれてくると思う？」と問いかけ、生まれてくるかもしれないものを粘土で表現する活動をしていました。子どもたちには、想像上の「見えないもの」も見えていて、そのイメージを粘土という素材に乗せて表すことで、現実世界にもその「見えないもの」が見えてきて、息をして、動き出すのかもしれません。

手を通してものと出会う

フレーベルは、身の回りのものを見て理解することと、実際にふれて手を動かしながらその性質を理解していくこととでは、出会い方が違うと言っています。実際に、木の実幼稚園の子どもたちも、手を動かしながら考え、ものを操作しながらひらめき、豊かな表現を生み出しています。

4歳児の事例では、チョウが、図鑑で見たのと同じように、「くるくる」の口を伸ばして花の蜜を吸うのを見た子どもたちが驚き、その驚きを活動に取り入れようと、保育者が紙帯を用意して、くるくる巻いたり伸ばしたりしてあそぶ活動をしていました。この「くるくる巻いたり伸ばしたり」というシンプルな行為があそびの入り口となり、チョウの「くるくる」を再現して作る子もいれば、色や太さ・長さを変えて丸まり具合を試す子、できたものを組み合わせる子、紙帯を使ってあそぶ子もいたり、と多様なふるまいがありました。シンプルな行為をくり返すうちに、「こうしてみたらどうかな?」と、手と頭を使って新しいことを試しています。

こんなふうに、素材や道具とかかわりながら手と頭を使って新しいことを試すこと、これもアートです。自分が手を加えると、素材がこたえてくれる。そのこたえに応じて「次はこんなふうにしてみよう」とまた手を動かす様子は、まさに対話しているようです。その対話では、子どもの言葉にならない思考や想像、感情がかき立てられ、絶え間なく動いています。それが自己内対話となり、新しいことをひらめき、そのひらめきにより活動におもしろい一手が加わるということがよくあります。

そういう意味では、素材自体が「声」をもっていると感じます。その声は、音声的な声ではなく、そのものの物質性や特徴、潜在的にもつ動きの可能性のようなものです。保育者が造形活動においてどういう導入をするかという技術よりも、素材のもつ声に保育者が耳を傾け、子どもとそのものが互いの声に耳を傾けて対話できるような場の配慮をすることの方が、アートにおいては大切だと思います。

手を通して出会う「わたし」

フレーベルにおいては、手を通してものの性質を知っていくことが「自分自身を知ること」へと折り返されていきます。目で見ているだけではわからない「手を通して出会うもの」と「手を通して出会う私」があるのです。子どもたちが作ったものは、それそのものにアートとしての価値がありますが、その子どもたちの「自分」が乗るということにも意味があります。そんな自分の手で作ったものが、思っていた通りのもの、あるいは、もっとよいものになったとき、子どもたちは、自分自身が認められたような手ごたえ（達成感や満足感）を得るのだと思います。だからこそ、木の実幼稚園の保育者は、子どもが試したり作ったり表したりしたものを絶対に否定しません。「この子は、こんなことをおもしろいと思ったんだ」と、その子の言葉にならない思考、想像、感情に耳を傾け、子どもを理解しようとします。だから、子どもたちも安心して自分の世界を創っていけるのです。

アートを通して、相手の立場に立って想像し共感する心（エンパシー）を育む

４歳児の事例に出てきたハチは、最初は害虫でしかなかったのに、子どもたちが、壁面にハチが休むための絵を描いたりするアート活動を通してハチのことを思う経験を積み重ねていくうちに、ハチの立場に立って想像し共感する心（エンパシー）が生まれ、「（はちみつを採るために）おうちが壊されてはかわいそう」と思う子どもも出てきました。

木の実幼稚園のアートでは、子どもたちが現実世界と想像上の世界を行ったり来たりしています。さらに、ものとかかわる実体験を通して、子どもたちは具体的なものの質感、味わい、匂い、音などを感じ、そこから刺激を受けて、想像、思考、感情といった心理世界を豊かにしています。また、ほかの人の見方にふれることで、一面的だったものの見方が揺さぶられ、多面的になっていきます。アートと実体験、そして対話をすることで、子どもたちは、美的感受性や共感する心をフルに発揮して、よりよい方向に向かい、よりよいものをつくろうとするのです。

木の実幼稚園のアート活動では、子どもの力、素材の力、保育者の力が絡み合うことで、子どもの心理世界が豊かに膨らみ、保育がとびきりワクワクしたものに、思いもよらないジグザグしたものになっているように思います。

参考文献　フレーベル　荒井武訳『人間の教育』岩波書店、1964年
伊藤亜紗『手の倫理』講談社、2020年

第 5 章

保育者も育つ！ジグザグ保育

ジグザグ保育がおもしろくなるまで

「プロジェクト型保育」が園に定着して以降、型にはまらない保育を楽しむ保育者と子どもたちの様子を見て、「それがしたいです!」と入職してくる職員も増えました。

ですが、そうした先生たちであっても、最初から楽しくジグザグ保育ができるかというと、そういうわけではありません。この章では、先生たちが自分の保育をふりかえったときに見えてきた、「ジグザグ保育、おもしろい!」と実感できるようになるまでの道のりを紹介します。

①子どもたちの興味を拾うってどういうこと?期

おもしろそう! 自分もやってみたい! とあこがれをもち、いざクラス担任になると……。「子どもたちの興味・関心をもとに進めていく」ということが全くできない現実に直面します。会話の時間も弾まず、先輩たちが話す「○○したら△△になって……!」といったジグザグの展開は生まれません。

この暗いトンネルを抜けるまでにかかる時間は人それぞれ。ほかのクラスの楽しそうな活動がまぶしく見えて、夜に枕を濡らす日々が続いたという職員も中にはいます。

本人がいっぱいいっぱいになっているときには、周囲のアドバイスも耳に入らないでしょう。

周囲はやきもきしますが、本人の力を信じて、できていることに目を向けられるように接しながら、見守っていくしかありません。

指導案が書けない！

最初に受け持ったのは3歳児。子どもたちから「あれが好き」とか「こんなことがしたい」といった発信はなく、子どもたちの好きなものを拾うこともできず、子どもたちの「好き」を広げるなんて無理！ 隣のクラスの部屋をのぞいて、おもしろそうなものをまねしていました。他クラスで造形あそびが盛んだったら、「私も何か作らなくちゃ」「何かあそびをしなくては」と必死になっていました。子どもたちが何かであそんでいても、「その先に何をしてあげよう」が全く思い浮かばなかったので、当然、週月案も書けず。毎月、何時間かけて書いているんだろう……という感じでした。

興味を広げようとしてもうまくいかない！

4歳児クラスの年度当初、数人の子がブロックで手裏剣を作ってあそんでいたので、「“忍者”で広げられそう！」と思い、忍者ポスターを作って壁に貼りました。でもあまり反応がなくて……。4歳児の前半に、何か掲示しただけでは子どもたちは興味をもたないこと、捉えた子どもの姿がその場だけのものだったことなどを理解しましたが、「子どもの興味を拾う」って、言葉の意味は分かっても、いざとなると何を拾ったらいいのか、全然わかりませんでした。

②子どもたちの姿が、少しだけ見えてきたかも……？期

先輩たちがしている活動を見よう見まねでやっていたら、担当年齢が変わったタイミングで、などきっかけはそれぞれ違いますが、もがきながら日々を過ごしているうちに、子どもの姿が少しずつ見えるようになってくる時がきます。

すると……

子どもたちの声が聞こえてくる
会話ができるようになる

▼

こんなことをしてみようかなと思いつく

▼

やってみて反応がある

▼

さらにこうしてみようかなと思う

徐々に、子どもたちとの関係ができてきて

1年目にナースリークラス（未就園2歳児）に入り、2年目に4歳児クラスを担当。プロジェクト型保育にあこがれていて、やる気は十分だったのですが、いざ担当すると頭が真っ白に……。1年目のナースリーのときに経験したあそびや活動を片っ端からやっているだけで、半年が経過。でも、徐々に子どもたちとの関係性ができてきて、2学期が終わる頃にようやく、「この子ってこういう子なんだ」「いま、こんなことに目が行っているんだ」というのが見えてきました。やっとそのあたりで、会話の時間に「先生もこんなことが好きで」とか「先生、これ知ってるよ」とか言えるようになった気がします。

というように、ここから状況は徐々に好転します。

低年齢児のクラスに入って

5歳児クラスを受け持つことが多かったのですが、全く余裕がなくて「子どもたちの目線に立って」というのが本当にできていませんでした。自分なりに試行錯誤していたけれど、どうもうまくハマらず……。7年目に初めて3歳児クラスを持ったときに、「まだオムツなんだ」とか「クレヨン取ってきてって言っても取ってきてくれないんだ」といった衝撃を受けてから、ようやく子どもたち一人ひとりの姿がしっかりと目に入るように。「なるほど、これまでも見ていたつもりだったけれど、子どもを見るってこういうことか」とカチッとハマった瞬間がありました。それから、「こんなことに興味をもつんだ、おもしろいな」と思うことが増えましたね。

③「まあええか」の境地に達する、ブレイクスルー期

子どもたちの姿が見えるようになるのと前後して、このテーマは一旦あきらめよう、活動が中途半端だけどいいや、計画と違うけどあの子が言ってたアレをやってみよう、ダメだったらすぐにやめればいいや……といった、「なるようになれ」という思いに至ります。肩の力が抜けるというのでしょうか。「こうせねばならない」という呪縛から逃れて、予想外のできごとにも、「まあええか」「それもええやん」とおもしろがれるようになっていくのです。

不思議なもので、この「まあええか」に開眼すると、子どもたちの興味もよく見えて、「こんなことをしてみようかな」というおもしろい発想も浮かんできます。

すると、保育が動き始めます。

悩んだ先の「まあええか」

保育をどう動かすかばかり考えているときは、体がガチガチで視界が狭くなるのかもしれませんね。でも、ひとたび脱力し、自分の力だけではどうにもならないとあきらめて、子どもの力、素材の力、偶然の出来事に身を委ねられるようになると、一気に周りが見えてきて、おもしろそうなことがあふれ出してきます。

この「まあええか」の境地に最初から至れるのかというと、そうではなく、自分のできなさに悩み、もがき苦しんで、自分の固定概念や保育をコントロールしなければと思う心を自覚したからこそ訪れるものかなと思います。もがいてなんぼ！ 保育者の学びもジグザグで、よどみ停滞する時間の中で進むのかもしれません。（佐川）

「〜でもいいや」と思えるようになった

最初の頃は構えすぎていて、「こんなことを言ったらだめかな？」とか「これで合っているのかな？」と思ってしまっていたところがありました。でも、いろんな先生の話を聞いたり、コーナーの様子を見せてもらったりして、「最初はまるまる一緒でもいいや」くらいの気持ちでやっていくうちに、「こんな感じでやってみたら、何かになるかも？」という気軽さが自分の中に出てきました。年々、自分の引き出しも少しずつ増えていって、「こんなことしてみよう」「あんなことしてみよう」が増えていった過程でそうなったのかもしれません。

④波に乗ってフィーバー！期

目の前が開けて、子どもたちの気づきや興味・関心を受け止められるようになると、会話が盛り上がり、活動が熱を帯びてくるようになります。すると、年度の後半になるにつれ、先生たちが「波に乗る」と表現する、充実期に突入していきます。

具体的な姿としては、

- 会話の時間に、先生だけがしゃべるのではなく、子どもたちがたくさんしゃべるようになる。
- 先生が言う前に、「先生、この話さ…」と子どもから話題にする。
- 会話の時間の後に、先ほどは何も言っていなかった子が先生の所にやってきて、「あのね、私はね…」と話してくる。
- 特に5歳児では、コーナーの環境を少し変えただけでも子どもたちが気づいて反応したり、「こんなんを作ろう」「こうしたい」と子どもから提案が出てきたりする。

といった様子が出てきます。

担任にとっても「楽しい！」と感じられる時間が続き、活動のおもしろさも増していきます。

⑤さらなる課題に奮闘、より高みへ……！

年度が替わり、新しいクラスになるたびに活動はリセットされるため、たとえ同じ学年を受け持ってもマンネリとは程遠く、「去年と同じ」では済まないのがジグザグ保育です。

ですが、一度「まあええか」を会得した先生たちは、「今年はどんなことに子どもたちが興味をもつかな」とワクワクする気持ちで新年度を迎えられるマインドになっているようです。

その中で、より子どもたちにとって魅力的な活動、よりインクルーシブな活動にするためには……など、一段上の課題に取り組みながら、ジグザグ保育を進めていくようになります。

クラス全体の活動にしていくために

31人クラスで、全く部屋に入らない子が1人いました。ずっと水路やビオトープを見ていて、「この子は流れるものが好きなのかな」と推測。その子1人の興味をピックアップして、「葉っぱ流し」など、その子がおもしろいと思うようなことを取り上げていきました。すると、ほかの子も興味をもち、それが大きなプロジェクトになっていったことがあります。

興味の幅が広い子もいれば、この子のようにすごく狭いけれども深い子、視点のおもしろい子もいます。全体活動に参加するのが苦手な子どもたちと、どうしたら自然に一緒に楽しめるかを考えるのも、最近の課題の一つです。

ジグザグ保育を支え、アップデートしていく仕組み作り

壁にぶつかり、試行錯誤しながら乗り越えていくのは先生たち自身の力によるものですが、そのサポートとなる仕組み作りは必要です。また、ジグザグ保育のおもしろさを感じられるようになってからも、保育者も自身の知識と経験をアップデートしていくことは欠かせません。

日々の保育者、園長相互の話し合いや情報共有に加えて、さまざまな園内外の研修への参加、各クラスの実践発表や交流などの工夫を積み上げていくことが何より大切です。

「みんな」とひとくくりにせず、それぞれの子の気持ちをはかる

何かテーマが盛り上がり、ほとんどの子が楽しんで取り組んでいる活動でも、その中で浮かない表情をしている子がいたら、できるだけ気づきたい。そっとしておいたほうがいいこともあれば、思いを聞いてみることでクラス全体に新たな視点がもたらされることもあります。

また、活動への参加を強制はしないけれど、参加しない理由の中には、きっとその子の興味に重なる要素がないこともあるだろうと考えて、その要素を加えられないか検討します。

全員の思いが100%一致することなんてありえないけれど、それでも、一部の子たちの盛り上がりだけで進んでいかないように、細やかに見ていきたいと思うようになりました。

●保育者間の情報共有

職員会議や学年会議の場での共有もありますが、日々のちょっとしたやり取りが、保育者間の支え合いにおいては大事です。

あそびや活動はコーナーに反映されていくので、部屋を見るとクラスのいまの様子がだいたいわかります。先輩・後輩関係なく、ほかのクラスの部屋の様子はさりげなくチェックし合っているようで、「おもしろそう！」と気になったものについては、「この素材は何？」「どうしてこんなあそびにつながったの？」と気軽に質問し合っています。部屋を見に来た同僚に、「いま、この活動が行き詰まっていて……」と相談することでアイディアをもらうこともあります。

●園長と一緒に計画検討

月に1回、週月案を見ながら、担任と園長がじっくりあそび研究・教材研究をする時間があります（その際の考え方については4章を参照）。経験年数の少ない先生の場合、まだあそびの引き出しが少ないので、この時間は引き出しを増やす機会と捉えているようです。引き出しが増えてきた先生たちにとっても、目の前の保育に集中すると固くなりがちな頭をほぐしたり、視点を変えたりする時間になればと考えています。このときに園長として意識しているのは、「指導し過ぎない」こと。まずは担任の話を聞き、どこに子どもたちがおもしろさを感じているのかを確認しながら、例えばこういうあそび、素材、絵本もあるといった提案をし、子どもたちに経験してほしいことを一緒に考えていくようにしています。

●園外研修

園では「どんどん外に出ていろいろと持ち帰る」ことを推奨していて、先生たちは個々に自分の興味に合うものを見つけて受講しています。森のようちえんに行ってきたり、おもちゃアドバイザーの資格を取ってきたりと、内容はさまざま。学んできたことの報告として、園内でミニ研修を行うこともあります。また、研修ではありませんが、職員の親睦会や歓迎会などの機会にはアートにかかわる場所に行くことが多く、みんなでアートにふれて楽しむことも、保育によい刺激やひらめきをもたらすことを期待しています。

●園内研修

夏休み中に行う一斉の研修では、外部講師を招いてアニメーションについて学ぶなど、保育そのものではない内容も意識的に取り入れています。不定期に行われる教員研修は、基本的には先生たちの提案により行われています。ままごとあそびコーナーの様子を撮影し、それをみんなで見て、このあそびを発展させるためにどんなことが考えられるか意見を出し合うなど、日頃の保育に直結する研修となることが多く、みな熱心に参加する様子があります。

●新任研修

新任を対象に行う研修は、入職前と後に、さまざまな内容と方法で行っています。大きな柱は指導計画と環境作り、あそび・活動内容の研究で、特に重視しているのは、「もの・素材にふれて、あそびを工夫する」体験型の研修です。子どもと同じもの（素材・道具）を使い、さまざまなあそびをそこから作り出してみる「あそびを研究する」経験を積みます。また、学生時代には十分経験できないことの多い土粘土や、石などの自然物、いろいろな種類の画材なども使い、あそびに新たな視点を取り入れられるように研修を進めています。

●実践発表

夏休み中に職員全体に向けて1学期の実践を発表し、毎年2月の造形展では保護者に向けて一年の実践をまとめて発表しています。発表者は順番制で、だれもが経験します。ときに、園外の研究会や大学講義のゲストスピーカーとして実践発表をすることもあります。

実践を自分の言葉でまとめ、外に向けて発表するという行為の中で、思考が整理され、保育への思いが明確になり、保育者にとって大きな成長の機会になるということを実感しています。

おわりに　子どもと共に、保育者と共に

子どもたちに、特定の知識・技能を身につけさせる指導をするのではなく、もっと人として深いところにある、「何かに心をときめかせたり、おもしろがったりする心情」や、「ああしてみよう、こうしてみようという意欲や実験精神」を育てる保育を目指してきました。

それは、子どもがそうしたことに夢中になっている姿に、まずは我々大人が「いいなあ、すばらしいな」と心から感動する、「共におもしろがる」ことに尽きると思っています。

保育者を育てるのも同じ。園長が保育の軸になる理念や考え方を保持しつつ、日々の保育者から発せられる気づきや感動だけでなく、「なぜ」「どうして」「どうしたら」の声を受け止め、一緒にあそびや活動を考え、提案し、その後の保育のプロセスにしっかり付き合っていくと、必ずどの保育者も素晴らしい力を発揮するようになります。「共に考え、工夫する」のです。

それは、けっしてコスパがよいものではありません。きわめてコスパもタイパも悪く、地道な試行錯誤の積み重ねと、ハラハラドキドキの連続と言えます。

思い返せば20年前、プロジェクト型保育を導入しようと研究を始めたときは、あるクラス担任とタッグを組んで、一年間あれやこれやと議論と実践を繰り返したものです。それは、いまとなっては宝物のようなジグザグの経験であり、その中で見えてきた子どもたちの生き生きした表情と、保育者の笑顔と達成感は、現在にまでしっかりとつながっています。

木の実幼稚園園長　今川公平

研究者の視点！

「おもろい！」が生み出す共探究

～木の実幼稚園のプロジェクト型保育

山本一成

木の実幼稚園では、コーナー活動、全体活動、会話の時間を組み合わせてカリキュラムを創り出しています。それぞれの活動の中で発揮された子どもたちの感性や、発想、つぶやきを聴き取り、その中から友達や仲間に興味が広がり、深まっていきそうなテーマをいくつか見出していきます。このテーマを軸に、さまざまな表現活動や、飼育、栽培、探検、実験などを組み合わせ、先生と子どもたちが共に探究しながら、保育の物語を生み出していきます。

このような保育は、プロジェクト型保育と呼ばれています。特に1990年代からイタリアのレッジョ・エミリアの影響を受けて、世界中に広がっていったことが有名ですが、実は100年以上の歴史があり、日本でも大正時代から実践されていた方法です。

「プロジェクト型保育」という言葉は、何か確立した方法やマニュアルがあるやり方のようにも聞こえてしまうのですが、実はその根底に流れている哲学は、万人向けの規則や実践方式を「上から下へ」と下ろそうとするアプローチを拒否することにあります。プロジェクトを通した探究が重視しているのは、「傾聴の教育学」*と言われるように、それぞれの子どもが出会う世界に耳を澄まし、共に対話しながら意味を創り出していく、民主的な教育の哲学です。

木の実幼稚園のジグザグ保育は、プロジェクトという方法以上に、この「傾聴の教育学」の哲学を継承し、子どもと共に保育を共創しているところに特徴があります。その中でも以下の３つの点は、木の実幼稚園の保育の大きな魅力となっているように思います。

「おもろい！」の保育文化

木の実幼稚園には、さまざまなことに「おもろい！」を見つける文化が流れているように感じます。保育の中での偶然の出会いを、友達の作品や発想を、園の外に広がっているまちや人の営みを、子どもも大人も一緒になっておもしろがることで、多様な探究の芽が生まれていきます。「おもしろそう！」と心が動いたことから保育を創っていきますので、先生方が工夫するコーナーの環境や全体活動のあそびの中には、常に「旬のあそび」が含まれていきます。いつも同じおもちゃやおままごとセットが配置されているような環境ではなく、子どもたちが興味をもったテーマに関連したあそび環境が、常に更新されていきます。

子どもたちの興味やつぶやきを記録し、ウェブを通して保育の構想を広げていくドキュメンテーションは、このような保育を支えるツールとなっています。子どもたち一人ひとりの「おもろい！」を記録・共有することで、次の「おもろい！」に向かおうとするアイディアと明日の保育への楽しみが生まれます。このような文化によって、一人ひとりの感性が生かされる、生き生きした探究が生まれているように思います。

「みんなの興味になる」プロセスに時間をかける

二つ目の特徴は、「テーマ」の共有にじっくりと時間をかけて取り組んでいくことです。

プロジェクト型保育は、子どもたちが共通に興味・関心を向ける「テーマ」を軸とする方法ですが、その関心を共有していくプロセスに難しさがあります。先生が、子どもたちのあそびの中に「テーマ」になりそうなものを見つけたとしても、それを無理に子どもたちに「押し売り」してしまえば、子ども主体の探究は生まれません。

木の実幼稚園では、この子どもたちの興味の醸成・共有のプロセスに、時間と手間をたくさんかけています。先生方が提案するあそびのアイディアは、一つの「テーマ」をさまざまな観点からあそぶことを可能にします。ときには乗ってこない子どももいるかもしれませんが、一方でそこから新たなテーマが生まれたり、いったん消えかけたテーマが、何か月も後に再燃してくることもあるなど、まさに「ジグザグ保育」というべき柔軟で長期的な視野をもったプロジェクトが展開されます。

子どもの興味を「先取り」して無理やりプロジェクト化するのではなく、多様な子どもたちの声と感性が響き合い、混ざり合うあそびのなかで、「みんなの興味」が生まれてくるのです。

先生も一緒に探究する

最後に、木の実幼稚園の保育の特徴を創り出しているのが、子どもと共に探究する先生方の存在です。木の実幼稚園には、知らないこと、未経験なことを恐れず、「やってみたい！」と思える保育文化が流れています。プロジェクトの種は思いがけないところに落ちているので、その中には当然、先生にとっても「初めて」のことがたくさん含まれています。「子どもたちがこんなことに興味をもったけれど、私も知らない」「探究してみたいことがあるけれども、ちょっと難しい」、そんなとき、園長をはじめ同僚の先生方が、頭をひねって、みんなであぁだこうだ一緒に考えてくれる文化があることで、わからないことをおもしろいと思える環境、新しいチャレンジができる環境で保育を計画することが可能になっています。

さらに、先生方一人ひとりの興味や感性を生かすさまざまな研修が推奨されていることも特徴です（153〜154ページ参照）。先生方が多様なアイディアと技術の引き出しをもっていることによって、思いがけない「テーマ」が生まれたときでも、子どもたちに「じゃあこんなあそびはどう？」と提案できる専門性が育まれています。ジグザグ保育では、子どもだけでなく先生方も一緒に新しい世界を探究します。この「共探究」のプロセスによって、豊かなあそびと学びが生み出されているのです。

＊カルラ・リナルディ　里見実訳『レッジョ・エミリアと対話しながら―知の紡ぎ手たちの町と学校』ミネルヴァ書房、２０１９年

●実践事例・写真提供

学校法人今川学園 木の実幼稚園（大阪府）

「あそび」「アート」「自然」をキーワードとして保育を進め、レッジョ・エミリアの教育の考え方に園のエッセンスを加えて、プロジェクト型保育を展開。子どもたちの豊かな学びを育むために考えられた園舎・環境デザインは、「第9回こども環境学会　こども環境デザイン賞」、「第34回大阪都市景観建築賞（大阪まちなみ賞）奨励賞」を受賞するなど、高く評価されている。オーストラリアのシドニーに分園があり、教職員の交流などを行っている。

●著者

今川公平（木の実幼稚園園長）

修士（幼児教育学）。大阪城南女子短期大学、聖和大学（現・関西学院大学）等で講師を歴任後、1990年より現職。2004年から大阪教育大学で非常勤講師として幼児造形を担当。

実践者　事例1●中井奈津実　事例2●上野絢子　事例3●原口久代
事例4●久川純奈　事例5●髙石晴香　事例6●吉田真侑

●編著者

佐川早季子（京都教育大学教育学部准教授）

修士（学術、教育学）。博士（教育学）。奈良教育大学教育学部准教授を経て現職。著書に『他者との相互作用を通した幼児の造形表現プロセスの検討』（風間書房）。

山本一成（滋賀大学教育学部准教授）

修士（人間環境学）。博士（教育学）。大阪樟蔭女子大学、滋賀大学講師等を経て現職。新刊『生きているものどうしの想像力』（世織書房）が2025年出版予定。

●制作

デザイン――ベルソグラフィック（吉崎広明）
イラスト――ベルソグラフィック（にしだきょうこ）
本文DTP――ベルソグラフィック
写真――MIKIKO（MIKIKO写真事務所）　木の実幼稚園
校閲――鷗来堂